高校体育教育创新与运动训练探索

赵 聪 王嘉彦 董 迅◎著

吉林科学技术出版社

图书在版编目（CIP）数据

高校体育教育创新与运动训练探索 / 赵聪，王嘉彦，
董迅著. -- 长春 ： 吉林科学技术出版社，2023.5
　　ISBN 978-7-5744-0436-6

　　Ⅰ．①高… Ⅱ．①赵… ②王… ③董… Ⅲ．①体育教
学－教学研究－高等学校②体育运动－运动训练－研究－
高等学校 Ⅳ．①G807.4②G808.1

中国国家版本馆 CIP 数据核字（2023）第 105719 号

高校体育教育创新与运动训练探索

作　者　赵　聪　王嘉彦　董　迅
出 版 人　宛　霞
责任编辑　干丽新
幅面尺寸　185 mm×260mm
开　　本　16
字　　数　240 千字
印　　张　10.75
版　　次　2024 年 7 月第 1 版
印　　次　2024 年 7 月第 1 次印刷
出　　版　吉林科学技术出版社
发　　行　吉林科学技术出版社
地　　址　长春市净月区福祉大路 5788 号
邮　　编　130118
发行部电话/传真　0431-81629529　81629530　81629531
　　　　　　　　　　81629532　81629533　81629534
储运部电话　0431-86059116
编辑部电话　0431-81629518
印　　刷　北京四海锦诚印刷技术有限公司
书　　号　ISBN 978-7-5744-0436-6
定　　价　65.00 元

前　言

体育教育作为学校教育中重要的组成部分，与德育、智育、美育密切合作，是现代全面人才培养发展的新目标。学校教育是实施素质教育、人才强国战略的必然要求。高校体育教育是我国教育事业的重要组成部分，是提高大学生身体素质的重要途径，在推动现代教育发展与创新人才培养方面发挥着不可替代的作用。高校体育顾名思义就是针对高等教育设置的体育课程，旨在激发大学生锻炼兴趣、促进其心理健康发展。

随着我国社会的进一步发展，为了响应国家人才强国的总目标，高校教育必须进一步改革创新，这样才能实现我国人才强国和全面素质教育的目标。随着互联网和多媒体技术的发展，慕课、翻转课堂、微课等新技术、新方法的应用，不仅需要体育教育理念的创新，更需要体育教育方法、体育教育内容、体育教育模式等全面变革和发展。

在高校体育教学工作中，既要进行体育教学，又要保证运动训练；体育教学偏向于反映群众体育的特点，运动训练偏向于反映竞技体育的特点。体育教学和运动训练虽然在性质、形式上存在相通之处，但是在教学目的、教学手段以及管理方面又完全不同。在高校体育教学工作中，将体育教学和运动训练有效结合，进行优势互补，有助于体育教学工作高效进行。本书主要讲述了高校体育教学的基本理论、创新理念，以及教学方法的改革创新和运动发展训练创新研究，最后分析了高校体育科学化训练和运动康复。本书符合高校体育教学的发展规律和特点，指导性、实用性强。

在本书写作的过程中，参考了许多相关资料以及其他学者的相关研究成果，在此表示由衷的感谢。鉴于时间较为仓促，水平有限，书中难免出现一些谬误之处，因此恳请广大读者、专家学者能够予以谅解并及时指正，以便后续对本书做进一步的修改与完善。

目　录

第一章　高校体育教学基本理论

第一节　体育教学的概念与特点

一、体育教学的概念

（一）教学

从宏观角度分析，教学是一种特殊的教育活动，它是指教学者以一种或多种文化为对象，对受教者进行教育，以期让受教者获得这种文化的活动。其中教学者是掌握某种知识或技能的人，他与接受教育的人共同构成教学的主体。从微观意义上讲，教学是教师进行教授和学生进行学习的一种直观的活动，在这个活动中，教师是教学的引导者，是教学活动的组织者和知识传授者；学生是教学的"受众"和主体，简言之，教学是一种以特定文化为对象的"教"与"学"的活动。

就我国来讲，相关学者关于教学的研究论述影响力最大的、权威性较强的观点主要包括两种：一种是统一活动说，代表人物是王策三和李秉德，他们认为，教学过程是"教"与"学"统一的整体，强调学生的身心全面发展。另一种是教学的广义和狭义说，广义的教学泛指经验的传授和获得过程；狭义的教学则是单指学校教育中以培养人才为目的的各类教学活动。总而言之"教学"是一种动态行为，是教学工作者对具体的学科或技能组合进行的一种有组织、有计划的教学行为。目前，这一种论述比较符合当前我国体育教育的现状。

（二）体育教学

教学是一种教育活动，这种活动需要教师和学生的共同参与，并为了实现某一具体的教学目标而相互协作。体育教学是一门学科，是体育教育的重要内容，更是一种教学活动。体育教学主要是有目的的、有计划、有组织的相关体育活动的组合。

体育教学是针对体育学科展开的一种教学活动。体育教学包括教学目标、教学内容、教学评价等内容。体育教学是一种特殊的教学课程，它从生物科学、教育学、心理学、社会学、哲学等学科中获得知识，以发展学生体能，增进学生身心健康为主要目标，它配合德、智、美、劳进行教学，促进学生身心全面发展。体育运动与体育活动、训练方面的教育都能够促进学生身心发展的基础修养，是现代素质教育的主要内容和方法。体育教学是一门以身体锻炼为主要手段，以增进学生健康为主要目标的课程，教学的实效性在于学生是否自主、能动地参与学习过程，并从中获得充分的学习体验，以促进身心发展。

综上所述，对体育教学概念的界定可以如此描述，即体育教学是指体育教师在教学的过程中，以体育教材为媒介，与德、智、美、劳的教育课程相配合，引导学生学习体育基本知识、熟知体育基本技术、掌握体育基本技能，并养成良好的体育锻炼习惯，以促进其生理、心理、社会适应能力健康发展的一种活动。

从本质来讲，体育教学是在学校环境中进行的一种教学活动，主要参与者是体育教师和学生，具体的活动内容为学生在教师的组织和指导下，对体育相关的基本知识、体育运动技能、体育运动素养进行了解、掌握和提高，旨在促进学生的身心健康和全面发展。

二、体育教学的特点

（一）身体活动的常态性

体育学科是以身体发展为基础的学科，因此在体育教学中，身体活动是教学活动的主要内容和形式，体育教学过程中有很多对身体活动的要求。这是体育教学区别于其他学科的重要基础所在，是体育教学与其他学科教学的最大区别。

一般文化类学科的教学，其教学场所多为教室、实验室、多功能厅，教学过程中需要教学环境的静态性，即整个教学活动过程要保持相对的安静，这样才能激发学生的思维并产生很好的学习效果。

体育教学通常会在户外进行，如果是在室内，多选择较为宽阔的专用运动场馆，而且在大多数时间的运动技术练习环节中并不需要刻意保持安静。学生之间、学生与教师之间都可以随时进行相关的交流和沟通，如此才更有利于学生对运动技术的学习。整个体育教学过程中，学生要不断重复学习体育运动技能，这也决定了学生在体育教学活动中要经常进行身体活动，即体育教学具有身体活动的常态性特点。在体育教学中，几乎所有内容都涉及身体活动，或者是为即将到来的身体活动做准备的活动，这是对作为"身体知识"的体育教学的最好诠释。在体育教学过程中，不仅是学生要进行具有一定运动负荷的运动，教师在做示范、做指导和参与到组队教学赛中也需要付出不少体力。可见，体育教学具有的身体活动的常态性特点不单单是针对学生，同时也包括教师。总之，体育课堂教学过程中，教师与学生的身体操练非常频繁，这种几乎常态化的特点成为体育教学最为显著的特点。

（二）身心练习的统一性

身体健康与心理健康是现代健康新理念中的两个重要方面，两者之间也有着密切的关系，具体体现在身体健康有助于改善心理健康，而心理健康对身体健康具有重要的影响作用。身体发展是基础，心理发展是依赖，能够促进身体发展，二者是相互影响、相互促进的关系。因此，体育教学强调促进学生的身心共同发展。

在其他一般学科的教学中，更多的是重视学生的智力发展和心理塑造，在身体发展方面存在着一定的局限性，更难以实现身心发展的统一。

体育教学重视学生的身心双修，重视对学生身体的改造，与此同时，它还强化学生的心理与多种适应能力。而在其他学科的教学中便无法达到这样的效果，这主要在于体育教学营造了不同种类的教学情境，一系列积极的情境使得参与其中的人在潜移默化中受到感染。在体育教学中，学生是在练中学，学中练，既有身体活动又有心理活动，这种身心统一的实践过程，即达到身体与心理的共同拓展和发展，表现出十足的统一性。

体育教学不仅可以促进学生增强体质、提高体能、发展技能，而且有利于培养学生的思维方式和良好的心理品质，促进学生身心健康协调发展。具体来说，体育教学中学生身心练习的统一性主要表现在三个方面。首先，在体育教学内容方面，体育教学内容的选择应符合学生的身心健康状况，所选教材的编排要符合该年龄段学生的心理特点，并要满足学生美学、社会学等其他方面的要求，使学生通过教学过程中的知识学习、身体练习与情感体验，获得身心的健康发展。其次，在体育教学方法方面，体育教学方法要符合体育教学实际，要遵循与学生年龄段相适应的身心变化规律，根据学生的这些身心特点安排教学，以促进学生身心共同发展。最后，在体育教学运动负荷安排方面，同样注重身心发展的统一。体育教学重在体育实践，它以身体练习为主，需要学生运用身体器官直接参与活动，不仅要承受一定的身体负荷，还要承受一定的心理负荷。负荷要与学生身体状况相符，不能超过学生生理极限，以免对学生身体造成伤害和引起学生的挫败感；负荷也不能过低，以免不能促进学生身体健康发展和容易引起学生轻易完成练习活动的骄傲自满心理。

（三）技能学习的重复性

现代体育教学旨在通过身体练习促进学生的身体、心理和社会适应能力的共同发展。在整个教学过程中，以身体练习为主，技能学习是体育教学的重要学习内容，学生对运动技能的掌握必须经历一个不断重复的过程。

研究表明，任何一个体育运动项目，其运动技能的形成具有阶段性和规律性。运动技能形成大致要经历这样一个过程：练习分解动作—练习连贯动作—独立完成连贯动作—熟练完成连贯动作。学生要想熟练掌握运动技能，需要经过长期的反复练习。学生无论是掌握篮球、足球、排球运动中的复杂技能，还是学习体操中的滚翻、田径中的跑等技能，都要经历由不会到会、由简单初步学习到复杂深入学习、由不熟练到熟练的发展过程。在此过程中，体育教师要严格遵循循序渐进原则，逐步指导学生掌握各种运动技能，根据不同运动技能的特点，合理安排练习内容和时间，通过反复练习，促进学生运动技能的掌握与提高。

（四）教学过程的直观性

体育教学过程具有直观性特点。这种直观性主要体现在讲解、示范和教学组织管理三个方面。具体分析如下：

1. 教学内容讲解的直观性

简言之，讲解的直观性就是讲解清楚、简单明了、容易理解。具体来说，体育教学过程中，教师讲解体育教学内容，不仅要达到与其他学科教师讲解要求一致，还要求体育教师的语言更加生动，并且富有一定的肢体表现能力，使学生有形象、贴切、有趣的感觉。尤其是在某些拥有较难技术动作的体育运动教学中，教师不仅要对体育教学重点进行详细的描述，还要用生动、形象的语言对复杂的技术动作进行简单化的讲解，以提高课堂教学效果。

2. 动作技能示范的直观性

身体练习是体育教学过程的主要内容形式，学生对动作技能的接触最初是通过教师的动作示范来实现的。在教学中，为了加深学生的理解和认识，教师有必要进行动作示范和实践演示。在教师运用示范法时，要运用非常直观形象的动作示范，其中包括正确动作的演示和错误动作的演示，这些演示都是非常直观地展现在学生眼前的，不能有任何的艺术加工和变形，这样才会使学生从感官上直接感知动作的正确与错误，以利于他们建立正确的、清晰的运动表象。当学生建立正确的动作表象后，再配合教师的讲解，使之与思维相结合，才能更加准确地掌握相关体育知识、技术及技能。

3. 教学组织与管理的直观性

体育教学中，师生之间的互动比其他任何学科都要频繁和广泛，体育教师对整个教学过程的组织与管理，学生都深入其中，有深刻体会。教师与学生接触越多，学生对体育教学的组织和管理的观察与体会越直观。在师生互动中，教师的言行举止对学生的身心都是一种无形的教育，有助于对学生的观察与帮助，有利于把控教学过程，也能为学生创造轻松的教学环境，使学生在教学中表现出来的言行都是他们最为真实的一面，也有利于体育教师获得正确的教学反馈。教学组织与管理的直观性要求体育教师重视良好教学环境的创设、促进师生关系的融洽，使教学过程更加科学合理。

（五）教学内容的情感性

经过不断发展，现代体育教学内容丰富，它不限于球类运动、游泳、田径等，还包括体育舞蹈、瑜伽，更融入了许多户外拓展训练等内容。

通过对这些内容的学习，学生可以普遍从中体会到各种体育活动所带来的丰富情感。

现代体育教学中，不同体育教学内容给予学生的丰富情感体验主要表现在以下几个方面：

1.体育运动中人体美、健康美和运动美的体验

在体育教学过程中，学生可以体会到只有体育才能赋予人的人体美和运动美。一方面，学生通过接受体育教学，掌握体育健身的方法和技能，以此达到运动塑身的效果，使身体外在形态保持优美的线条和良好的身材比例；另一方面，学生通过练习不同运动，可以认识到人体不同的动作展现出的动作美和肌肉的动态美，这种美只有在运动中才能看到，是极为外显的美。通过体育教学中对美的感受，可以提高学生的审美能力。既然有美的存在，那么就要有欣赏美的人和能够欣赏美、懂得如何欣赏美的能力。

2.体育运动中体育精神美的体验

体育教学中，每一项运动都向学生表现出了不同的美的特点和审美特征，如球类运动可以表现个人对球类技术的掌握能力，集体球类项目中除了个人能力外，还包含了与队友之间的协作和互助精神。这些内容都是人类积累下来的丰富的体育内涵，而通过体育教学能促进学生感受到体育的精神美，掌握体育的精髓。学生通过参与体育活动可以陶冶情操、平衡心态。例如，学生在关键时刻始终保持冷静的心态或是在胜利时表现出的谦虚等。

3.体育运动中丰富社会角色的情感体验

体育教学是一种创造性的社会活动，其创造的成果就是让学生获得内在的顿悟和精神上的启迪。不同的体育运动中，学生在运动过程中扮演不同的角色（如足球运动的前锋、后卫、守门员等，如体育教学竞赛中的运动员、教练员、观众等），能使学生丰富自己的角色情感，对于其日后进入社会，适应不同的社会角色具有重要的作用。

（六）教学环境的开放性

体育教学环境的开放性表现在教学场地和教学情境两个方面。一方面，体育教学主要是在室外进行的，目前，我国各级院校的体育教学多以体育实践课为主，体育教师组织的大多数体育课主要在学校操场进行。与其他学科主要在封闭的教室、实验室等地方开展教学活动不同，体育教学的教学空间富有变化性，环境更加开放。另一方面，在体育教学情境设置中，师生之间的关系和互动非常灵活多变，只要有利于促进学生身心发展，任何一种教学情境都可以尝试。

体育教学环境的开放性决定了体育教学具有不同于其他学科的室内教学和以教师的讲解为主的教学模式，体育教学环境的开放性使其教学过程具有更多的不确定因素。在体育教学过程中，教师应注意以下几点：首先，户外教学特点意味着体育教学受到的干扰因素较多，如天气、地形、周边设施与噪声等，体育教学的组织管理工作就会愈加复杂，要精心设计与统筹安排体育教学的组织形式、教学步骤与方法；其次，室外体育教学是一个动态过程，教学过程中，班级内学生较多，且大部分教学时间学生都处在不断变化与形式多样的运动中，教师对学生的管理是动态的，多采取分组教学并需要班干部和体育骨干的协调配合；最后，体育教学活动中要使用多种体育器材和设施，由于不同学生的技术水平不同，且在使用器材设备时会有不同的习惯，再加上一些器材设备本身质量差或磨损严重，

教学中充满了各种不确定因素，因此，体育教师要格外重视教学的安全性。

（七）教学条件的制约性

体育教学内容丰富，教学环境开放，涉及要素多，也就使得体育教学会受到更多客观条件的制约，这是体育教学的重要特点之一。体育教学受多种体育教学条件的制约，包括主观条件与客观条件，概括来讲，主要表现在以下三个方面：

1.学生方面

学生作为体育教学过程中体育知识与技能传授的受众，与学生有关的诸多情况会对体育教学本身造成一些影响，主要因素包括学生的运动基础、学生其他基本情况（年龄、性别、生理和心理特点）、体育教学场地条件、器材、气候等。这些因素都会影响体育教学内容、教学方法、教学组织、教学设计、教学模式等方面，对整个体育教学产生重要影响。体育教学要想进行得顺利、获得良好的教学效果。就要注重根据学生的运动基础以及体质强弱等实际情况的区别对待、充分考虑，才能促进既定教学目标和教学效果的实现。

2.教师方面

教师是体育教学活动中非常重要的一个参与者。体育教师的教学能力、对教学方法的熟悉程度、体育教学组织和管理能力都会影响整个体育教学，对于体育教学来说，也是一种重要的制约。

3.教学环境方面

体育教学环境是体育教学的重要载体，其质量的高低对体育教学会产生较大影响。例如，体育教学活动多在户外开展，会面临严重的空气污染或邻近马路带来的噪声污染等问题，这些问题势必会影响体育教学主体在教学活动中的状态与情绪；天气对于室外体育教学的影响也是不能忽视的，这一点在早年间越发明显，如遇到雨、雪、大风等恶劣天气时，体育教学被迫停止，转而来到室内进行一些体育理论课的教学。这充分表现了教学环境对体育实践课开展的制约作用。

体育教学的顺利开展必须摆脱不利于体育教学条件及构成教学条件的各因素的影响。这对此，体育教师就要在制订学年的体育教学计划到具体课时计划时，在进行教材内容选择与教学组织实施中都必须考虑到这些客观实际与影响因素，结合教学实际，科学选择体育教学内容、方法和组织形式，并充分结合自身特点与条件，促进体育教学的顺利进行，以实现体育教学目标和教学任务。

（八）人际关系的多边性

体育教学活动中的人际关系不是单纯的如其他学科教学中的那样，师生之间以教师讲解和学生领会为主。体育教学活动是一个师生双边互动活动，而且这种互动非常频繁和复杂，人际交往在体育教学中占据重要位置，这种人际交往具有多边性。

从教学组织形式来看，现代体育教学的组织形式主要是在单人、双人、小群体以及全班之间不断转换的，要求学生在不同的时空内完成不同的身体运动、不断地变换角色地位，彼此之间建立多种不同的联系。因此在体育教学中，师生之间、学生之间、小群体之间具有频繁且形式多样的人际交往关系，教师和学生之间的关系复杂、多变。

体育教学过程中人际关系的多变性特点对体育教师的教学组织和管理能力提出了更高的要求。体育教师应运用多种方式与学生交流和沟通，并引导学生相互之间进行配合、鼓励与评判，教会学生在体育课堂中初步体会社会交往，培养学生的合作意识，提高其人际交往能力，并将这种良好的人际关系适应和处理能力延伸到体育学习之外的日常生活和社会关系处理中去。

第二节　体育教学的性质及功能

一、体育教学的性质

性质是事物本身与其他事物的最根本区别，性质不同的两种事物带来的表象自然有一定的区别。体育教学和其他学科的教学最根本的区别就在于它本身所具有的体育教学性质。

结合体育教学的特点，体育教学的"体育性"主要表现在以下几个方面：

① 体育教学的教学地点多为户外，但现代体育教学在室内的场馆进行也非常多见。

② 体育教学中师生都要承受一定的运动负荷与心理负荷。

③ 体育教学过程是身体活动与思维活动的结合，并且还有比较频繁的人际交往。

④ 体育教学侧重于发展学生身体时空感觉以及运动智力。

⑤ 体育教学更加关注学生自我操作与体验等。

特别需要指出的是，在体育教学中，"实操性"是体现体育教学性质的一个重要方面，它不同于化学、物理学科中的实验实操，而是一种身体技能训练。通过对比可以发现，体育教学与其他学科教学最大的区别，即技能实操练习，体育运动技能的教学是现代体育教学最重要的教学形式，它是体育育人的主要方式。而对于运动技能的传授也是体育教学与其他学科教学的主要区别之一。在体育教学中，学生全面掌握体育运动技能，要经过认知阶段、联系阶段与完善阶段等几个教学阶段才能实现。具体来说，在体育运动技能的认知阶段中，学生与体育运动技能之间的联系最为密切，这一阶段学生对所学技能的结构、要素、关系、力量、速度等要素进行表象化的认识。从这一角度来看，体育运动技能仅仅是学生提高身体素质、完成技术动作的一种方法，因此可以认为运动技术不具有人的特性，而只是一种"操作性知识"。

通过上述分析，应该认识到，体育教学的本质属性是体育性，体育教学是"一种针对运动技术和知识的教学"。在体育教学中，学生学会了运动知识并将之转化为运动技能，即充分体现了体育教学性质、实现了体育教学目标。

二、体育教学的功能

作为学科的一种，体育教学不仅具有一般学科的教学功能，即向学生传授生物、生理、心理、医学等自然科学和体育基本知识，还具有体育学科的特殊功能，即将科学的身体锻炼方法与手段传授给学生，使学生正确掌握运动技能，同时达到学习、健身与锻炼的目的。此外，体育教学对培养学生爱国主义情感、集体主义价值观、互帮友爱和顽强拼搏、积极进取的精神也发挥着极大的促进作用。具体来说，体育教学主要具有以下功能：

（一）健身功能

促进学生的身体发展是体育教学最基本的功能，增强人民体质是发展体育运动的本质属性。经过长期的改革与实践，现代体育教学课程在规划设计教学大纲、选择教材内容、安排课时、实施教学组织等方面已逐渐合理化与科学化。

体育教学的健身功能主要表现在以下几个方面：

1. 促进学生身体发育

身体练习效果可直接作用于人体，而且效果明显。对于儿童、青年学生来说，正处于身体形态迅速发育的关键时期，身体形态的可塑性较大。有针对性的体育教学能够促进学生的健康成长，经常参加体育锻炼对促进身体形态的正常发育具有重要作用。它可以让正处在发育期的学生养成正确的身体姿势，让身体更加强健，培养健壮的体格和匀称的体形，有利于生长发育。

2. 提高身体机能水平

体育对提高人体的机能水平具有重要作用，体育运动实践表明，经常参加体育锻炼能够提高身体机能水平。参加体育锻炼能够改善运动者神经过程的均衡性和灵活性；促进骨组织的血液循环，使骨骼更加结实粗壮；增加肺活量，有效改善呼吸系统；增强心脏活力，加快新陈代谢，从而使身体机能的各个器官系统的功能水平得到改善。在此基础上，进一步提高学生的免疫能力、抗病能力、环境适应能力等多方面素质和能力。

3. 全面发展身体体能

体育运动有利于促进学生身体体能的发展。身体体能的发展以运动动作实践为基础，因而体育锻炼对发展各种体能有着重要的作用。体育锻炼要求学生在运动过程中通过反复练习达到较高的心肺耐受力、柔韧性、肌肉耐力、灵敏性、平衡性等，全面促进学生体能发展。

（二）健心功能

体育的健心功能体现在其可直接作用于学生的心理、影响学生的心理发展，此外，还能通过影响学生的身体发展间接促进学生的心理健康。心理健康是评定人体健康的指标之一，体育教学不仅有利于学生的身体发展，还对学生的心理健康发展具有重要的作用。和体育教学的健身功能一样，体育教学促进心理健康的功能主要是通过教师传授来实现的，具体表现在以下几个方面：

1. 愉悦心情，缓解压力

运动能使人快乐。研究表明，体育运动可促进人体内激素分泌的变化，内啡肽分泌增多可以让人感到幸福和快乐。体育活动可以使学生得到身体和心理上的放松，缓解学生的学习压力。

2. 调节心理，平和心态

体育教学能给学生带来丰富的情感体验，在参与体育运动的过程中，学生要频繁地面对成功与失败，其中失败和挫折的次数远远多于成功。由此可以培养学生在逆境中正确处理心态的能力，作为胜利者也要做到戒骄戒躁，只有具备这样的素质，才能再接再厉，取得成功。教学更为重要的作用是传授各种人类社会的道德、规范与理念，这是学生走向社会之前的必学内容。

3. 锻炼意志，修养品德

体育运动技能的学习需要学生进行不同的身体练习和技能训练，这一过程对于锻炼学生的意志具有重要的促进作用。此外，体育教学中的体育活动必须符合体育项目特点和规则，尤其是在体育教学与比赛中，可以养成遵纪守则的良好习惯。根据体育运动或游戏的规则，运动竞赛或游戏要想顺利进行，必须依靠参与者自觉遵守既定规则。在体育练习或比赛（游戏）中，学生还要懂得关心同学，尊重对手、尊重裁判，自觉遵守体育课堂秩序，并将这种规则的遵守延续到日常社会生活中。

4. 促进交际，完善人格

体育运动是一种有助于体验人际交流愉悦感的活动，特别是对价值观、人生观和交友观尚未完全形成的学生培养人际交往能力具有更大的帮助。同时，系统的体育教学还可以陶冶学生的情操，对塑造学生完美人格具有重要作用。体育教学中，大多数体育运动或体育游戏都需要集体共同参与方能完成。体育运动取胜的关键是集体的团结配合。因此，学生为了取胜，必须认识到团结互助、协调合作、发挥集体力量的重要性。学生作为体育运动团队中的一员，要处理好个人利益与集体利益的关系，通过队友之间的自然交流，有利于相互之间的进一步沟通，联络感情，协调人际关系，做到顾全大局、运筹帷幄。

（三）知识传播

教育是对知识和技能的传播，韩愈《师说》之"传道、受业、解惑"，是指教育的综合的过程——传道、受业、解惑，三者并列而行。因此，"传授知识"以帮助学生"解惑"是体育教师承担的传播体育知识的重要责任，因此，体育教学具有传播体育知识的重要功能。

在体育教学中，整个教学过程主要是通过改造学生身体的手段来实现的，从"教"与"学"的角度来说，可以将体育知识形容成一种"身体的知识"。这种知识最初伴随着人类的发展而发展，每个人类社会时期都有相应的"身体的知识"的传承，如在原始社会，身体的知识就是人类通过走、跑、跳、投、打等动作捕获猎物或逃避猛兽的攻击等行为。而在现代社会中，体育知识的传承内容变成了某项体育运动（如篮球、体操）的基本知识或某些体育技能。通过传播体育理论知识，使学生掌握更多的体育健康和体育保健知识，才能从根本上提高学生的体育参与意识，提高学生体育学习的积极性和主动性，进而促进学生个体的身心健康全面发展。

（四）技能发展

体育技能的学习和提高是通过体育教学过程的合理设计和实施来实现的。传统的运动技能等同于生存技能。那时的人类通过走、跑、跳、投、打等行为捕猎和采摘，以获得生存的能量。

现代体育教学中所涉及的体育运动技能对于人体的要求就不再像过去那样严格，主要是指如球类、武术、田径和游泳等运动技巧和方法。科学研究表明，适当参加体育运动对人的身体素质的发展非常有益，而体育教学就成了传授这些运动技术的最好方式。

当前，在普通高校体育教学中，体育教学活动的组织过程就是体育教师以体育教学内容为依据对学生传授体育知识与相关技能的双向信息传送的过程。没有实践就无法学会各种运动技能。运动技术是体育教学的主要内容，也是重要内容。具体来说，教师在体育课中传授的是各项具体运动技术，如足球运动中的传球技术，甚至可以细分到内脚背传球技术。运动技术不同于其他学科的学习，它不仅需要学生对运动理论有深刻的了解，还要身体力行地参与技术练习，在无数次的重复中逐渐在脑中和身体上建立起对技术的表象反应，最终达到熟悉动作以及可以在下意识的情况下做出正确的动作，并通过持续练习来促进各项体育运动技能的提高与发展。

体育教师是运动技术的掌握者和传播者，他们在向学生传授运动技术的过程中发挥着十分重要的作用。体育教师对运动技术的传授应从简单的、入门的、基础的入手，在此之后逐渐积累，由简到繁，循序渐进。

（五）文化传承

体育知识、运动技能的传授都是为体育文化的传承而服务的。从某种意义上讲，体育教学真正的目的在于教会学生正确的体育运动方法，使其能在未来的生活中对其身心产生持续的、良好的影响，更在于一种体育文化的传承。

在体育教学中，对体育知识的传承不是简单的"身体的知识"的模仿，更多的是通过体育教学来向教学对象，也就是向学生传承体育文化，即体育教师通过体育教学内容向学生展现、传授和体育教学内容的相关文化。

传承体育文化是一个长期的、系统的过程，这一过程涉及学生一生的发展，也涉及整个人类社会的发展。

从学生个人的求学过程和人生发展来说，要想真正实现体育教学传承体育文化的功能，就必须使得学生通过不同阶段的体育教学，学习到较为完整的运动知识、运动文化。具体应从以下两个方面着手：一方面，保证单次体育课内容之间教学的连贯，可以把体育课中传习的各种小的运动技术累加起来，学生学到的是某个运动项目的完整技术，继续累加，就学到了各种运动技能；另一方面，保证不同阶段体育教学的可持续发展，体育教学是由每周两至三次的体育课组合而成的一种贯穿全年的教学计划。其中根据不同的教学周期可以分为课程教学、周教学、学期教学以及学年教学。比学年教学周期更长的就是多年教学——小学体育教学、初中体育教学、高中体育教学和高校体育教学，因此应将这几个不同阶段的体育教学有机统一起来，以促进学生对体育文化的系统、全面掌握和传承，使体育知识和文化丰富学生的整个人生过程。

从整个人类社会的发展来看，现代教育强调以人为本，人们对以人为本的教育教学理念的追求使得人类自我知识的回归不仅代表了体育教学的特殊性，还赋予了体育教学知识传承的特殊意义。具体到体育教学中，要求教师在体育教学的开展和实施中重视学生的主体性作用，因为学生才是体育文化的继承者和传承人，正是通过对体育知识、技能、文化的不断传承，才使得体育竞技文化、奥林匹克文化、大众体育文化等得以不断丰富和发展，从而促进了人类社会的进步。

（六）美育功能

体育之美表现在多个方面，健、力、美同时蕴含于体育运动中，静态的人体造型和动态的运动节律都具有美的特质，都表现出人们对美的向往。体育运动不仅在运动过程中突出了"美"的要素，而且在运动结果上也有淋漓尽致的体现。具体来说，在现代体育教学中，体育教学对学生的美育功能具体表现如下：

① 体育教学中，通过组织和引导学生积极参与体育活动实践以及科学体育锻炼帮助学生获得美的身材和美的形体。

② 体育教学活动中会组织体育竞赛，学生通过激烈与公平的比赛而获得的成绩，使学生获得成就感。

③ 体育教学可提高学生审美意识与审美能力。通过系统的体育教学，可以帮助学生树立正确的人体及运动的审美标准，使学生体验积极、健康的审美情感。这不仅表现在对运动者的身体美、技能美的欣赏和判断，还表现在对运动者体育精神美的审视，使学生感受这种体育美，进而提高美学素养、深化对体育美的认知。

第三节　体育教学的目标与原则

一、体育教学的目标

（一）体育教学目标的概念

从本质来看，目标是一种预期。体育教学目标是对体育教学的一种预期。

体育教学目标是依据体育教学目的而提出的预期成果。这个预期成果可分为阶段成果和最终成果，即阶段性目标和体育教学总目标。学校体育目标实际上是一种尚未完成的事项，是一种期望达到的境界，它是对学校体育学习结果的期待和前瞻，在一定程度上激励着教师和学生为实现这个目标而共同努力。

体育教学目标在很大程度上体现了人们对学校体育与健康课程编制、体育教学实施、课外体育活动、课余体育竞赛和课余运动训练开展中的体育价值的理解。体育教学目标是否科学合理，直接影响体育教学过程的实施和效果的实现。

（二）体育教学目标的层次

就体育教学目标的概念来看，目标有大小、长远之分，小的、短期的目标在体育教学中相当于教学路上的"站点"，而教学总目标则是体育教学的"最终目的地"。体育教学目标有其自身的层次与内部结构。

体育教学目标由多个层次的目标构成，大至超学段体育教学目标。总之，教师在制定不同的教学目标时，一定要充分考虑不同教学目标的上位和下位层次及其功能和特点。

（三）体育教学目标的特性

体育教学目标具有鲜明的特性，主要表现在以下几个方面：

1. 前瞻性

作为一种教学预期，体育教学目标的前瞻性是指体育教学目标能对整个教学活动起到很好的指导作用，能促进师生的共同发展。

2. 曲折性

任何目标的实现都不是一帆风顺的，体育教学目标也是如此，因此，曲折性是其基本特点。体育教学目标的曲折性能起到一定的激励作用。体育教学目标并不是事实，而是对未来事物的预测，因此要根据当前的具体教学实际制定教学目标，所提出的教学目标既不能过高，也不能过低。过高则难以完成，打击师生的积极性；过低则难以引起学生的学习兴趣。因此制定的体育教学目标应是需要付出努力，甚至经过非常艰辛的努力才能实现的，需要师生协同配合、共同努力。

3.方向性

体育教学目标是特定的价值取向的反映，而价值取向具有明确的方向性。体育教学目标总是明确地告诉体育教师与学生，他们应走向什么方向、走到哪里等。

4.终结性

体育教学目标是对一定的学生所要达到的结果的期待，具有一定的终结性。当然，这里所说的终结不是整个体育的终点，而是整个体育过程的互相联系的一个一个的"站点"。所有阶段性教学目标的实现都是为总的教学目标的实现奠定基础的。

（四）体育教学目标的制定

1.体育教学目标的制定依据

（1）体育目标与体育课程标准

学校体育目标是制定体育教学目标的重要依据之一，它是国家和社会对学校体育的基本要求。根据学校体育的发展实际，教育部颁发的各级学校体育课程标准制定了各个年级的体育教学目标，从而形成了体育教学目标体系。

（2）全面发展的素质教育要求

体育运动不仅是提高学生的运动技能，还要发展学生的综合素质。在培养德育方面，在任何体育运动项目活动的组织过程中，无论遇到怎样的困难，都要遵循道德规范和准则，努力实现自己的目标。在智育方面，体育运动项目中，很多运动项目都要求运动者具有快速判断、分析、思维、想象的能力，让运动者的智力得到良好的开发。在美育方面，体育本身就是健康美、形体美的代名词，因此要重视学生审美、表现美、创造美的能力的培养。总之，在制定教学目标时要考虑选择合理的教学内容，使学生的德、智、美的综合素质得到全面发展。

（3）体育教学的本质特征与功能

制定体育教学目标，应抓住体育教学的本质特征和功能，突出增强体质、促进身心健康、发展体能的本质特征。

（4）学生身心发展的特点与规律

体育教学针对学生，在设定教学目标时必须站在学生的立场，确保体育教学目标满足学生的身心发展。受教育对象的人体发育规律对教学的影响非常重要。人体发育有几个敏感期，这些敏感期对体育素质的培养有着非常重要的影响，抓住这几个敏感期进行体育教学可以达到事半功倍的效果。体育教学应充分满足大学生的身心发展需求。在高校期间，要制订更加系统、合理、科学的体育教学计划，此阶段的教学最有可能会让学生受益终身。这也是体育教学的根本目标。

（5）学生的体育学习兴趣与需求

体育教学中，要重视学生的主体地位，提高学生参与体育运动的兴趣。要想提高学生的学习兴趣，就要根据学生生理、心理和智力特点，将体育运动的趣味性、目的性、对抗性等相结合，使学生由浅入深、由易到难地逐渐掌握体育运动知识，从而获得参与体育运动的基本能力。而且，教师还要注重学生对体育运动的兴趣，注重培养学生对体育意识的重视。

（6）体育教学的实际条件和可行性

教学条件是实现体育教学目标的重要影响因素，也就是说，较差的教学条件对体育教学目标的实现有一定的制约作用。目前，我国各级各类学校、城镇与乡镇的学校，甚至同一地区的不同学校，教学条件都有很大的差别，发展也不平衡。因此，为了确保制定的体育教学目标切实、可行，在制定体育教学目标时必须从实际出发，充分考虑体育教学活动的各种实际条件。

2.制定体育教学目标的要求

（1）层次性

无论是体育认知目标、运动技能目标、增强体能目标还是情感目标，这些目标本身都有一个从低到高的层次。在各领域目标中都有从低到高的层次，这个过程也是教学的一般规律。

（2）连续性

教学目标具有多层次性，不同教学目标既相互独立，又具有关联性，总目标是通过若干年级目标、单元目标、课时目标的实现而最后实现的，如在不同年级之间、同一年级前后之间、不同单元之间等。因此，制定体育教学目标，无论是年级、单元还是课与课之间，都应注意其相互之间的连续性，争取保证每节课的内容一环套一环，由浅入深、循序渐进地完成好每一个阶段性体育教学目标。

（3）可操作性

教学目标的制定切忌"假大空"，制定的体育教学目标应是具体的、明确的、容易操作的。这有利于教师在体育教学实施过程中有一个明确的方向，有利于对体育教学目标的测量和评价。

3.制定体育教学目标的程序

（1）了解教学对象

教学目标主要是关于教学对象的发展程度的描述，因此，制定教学目标应先充分了解学生的学习需要，具体包括学生的学习成绩、学习态度等的现状与体育教学目标之间的差距。分析和了解教学对象的能力与条件主要包括学生在体能、运动技能、体育知识等方面已经具备的能力与条件。在对学生的学习需要与能力条件认真分析和进一步了解的基础上，设置合理有效的体育教学目标。

（2）分析教学内容

确定体育教学目标前，要对高校体育教学内容的特点与功能进行认真分析。这是因为具体的体育教学目标的设定总是与具体的教学内容紧密相连，没有无目标的体育教学内容，也没有无教学内容的教学目标，二者相互影响。

（3）编制教学目标

在"单元"或"课"的教学计划中按照课程的水平目标分别陈述。

二、体育教学的原则

（一）全面发展原则

全面发展原则是体育教学的基本要求和基本原则之一，我国新的《体育（与健康）课程标准》指出，现代体育教学应促进学生完成运动参与，促进学生的身体健康、心理健康，并提高社会适应能力。简言之，体育教学应促进学生的全面协调发展。

在体育教学实践中，贯彻体育教学全面发展原则应做到以下几点：

① 体育教师应认真学习和领会体育教学大纲（或课程标准）精神，全面贯彻教学大纲（或课程标准）的目标和要求。

② 体育教师应树立现代体育教学价值观念。用现代体育教学价值观去评价和衡量现代体育教学质量。现代体育教学除了具有一定的生物学价值外，还具有心理学、教育学、社会学及美学的价值。

③ 体育教师教学工作计划的制订和教案的编写，应在课堂中给予学生足够的身体练习时间，并在教学中重视学生的心理发展。

④ 在体育教学的准备、实施、复习、评价等阶段中，教学内容、教学方法、教学设计、教学评价等都应围绕促进学生全面发展展开。

（二）循序渐进原则

循序渐进是体育教学的基本原则，最早由夸美纽斯在《大教学论》中提出。在体育教学过程中，必须遵循由简到繁、由易到难、由已知到未知、逐步深化的循序渐进的原则。只有循序渐进，才能让学生扎实地掌握体育方面的知识、技术和技能。

在体育教学实践中，科学遵循循序渐进原则应做好以下几点：

1. 制定好教学文件、安排好教学内容

在保证教学文件和教学内容都安排妥当的情况下，才能执行教学工作。因此在进行教学工作之前一定要制订系统、科学的教学计划方案。具体来说，教师对每个运动项目、每次课、每学期的内容和教法的选用都应前后衔接，逐步提高。既要考虑该运动项目由易到难、由简到繁的顺序，又要考虑与其他运动项目之间的关系，充分保证前一个项目的学习为后一个项目的学习奠定基础。

2. 有序提高运动负荷

体育教学以身体练习为主，具体的运动负荷提高要循序渐进，以采取波浪式、有节奏地逐步提高为佳，因为机体需要一定时间的适应。课程交替要有节奏地安排，合理地利用超量恢复是提高生理负荷的有效措施。

（三）巩固提高原则

学习应"温故而知新"，根据遗忘规律和运动条件反射建立与消退的理论，学生学到的知识与技能在一段时间内，如不经常复习就会遗忘或消退。学习过程的"用进废退"原理说明，对所学习的运动技能进行反复练习有助于体能、技能和运动能力发展。因此要注意巩固提高所学到的知识和运动技能。体育教学多为身体的练习，如果这种练习不能得到巩固，就会随着时间的延长而消退，可见，巩固提高是十分必要的。

在体育教学中，科学落实巩固提高原则应做好以下工作：

①体育教师应重视良好体育教学方法和训练方法的选择。利用讲解、示范、练习、提问、评价等方式，保证师生间及时传递信息。根据信息有效性的原则，信息传递得越及时，损耗越小；信息的准确度越高，所产生的教学效果越好。也可以通过提问、考查、竞赛等方式，巩固提高体育知识、技术和技能。

②体育教师应合理安排训练计划。让学生进行反复强化的练习，增加练习的密度，不断巩固运动条件反射，使其获得进一步的巩固和提高。制订合理的训练计划是让机体在巩固提高的过程中避免出现过度疲劳、损伤机体。

③在保证科学负荷的基础上重视增加运动密度和动作重复的次数，反复强化，不断巩固学生运动条件反射，提高技术水平、身体素质和体育能力。

④体育教师要给学生布置适量的课外体育作业或家庭体育作业，将课内、课外结合起来，达到巩固提高的目的。

⑤不断提出新的学习目标，使学生在前一教学目标实现的基础上，为进一步完成新的学习目标努力练习。

（四）科学负荷原则

体育教学离不开身体练习，身体练习必然要伴随一定的运动负荷，科学运动负荷对体育教学效果具有重要的影响作用。体育教师对教学中学生运动负荷的科学控制应做到以下几点：

①运动负荷的安排要服从体育教学目标。体育教学的目标是培养学生健康体魄和健康的心理素质。因此，体育教学不是为了增加运动负荷而进行大运动量训练，竞技体育中

单纯为了金牌而无限制地加大运动负荷的方法不适合于普通学生的体育教学。

②运动负荷的安排要适应学生的身体需求。教师要合理地对运动负荷做出安排，就必须了解不同性别学生的生理差异、学生在不同生长发育阶段的特点等，运动负荷安排要无伤害性，同时有利于促进学生身体发展。

③运动负荷的安排要充分考虑学生之间共性与个性关系，教师既要充分考虑在相同年龄段有相对趋同性的学生的整体情况；同时要在整体趋同性的基础上，关注一些个人特殊情况，如对伤病学生的运动负荷安排应酌情减少。

④重视合理休息。运动负荷的安排与休息方式、休息时间有关。科学合理地安排休息方式、休息时间和心理负荷，对于顺利达到理想的体育教学效果有着重要作用。

（五）因材施教原则

体育教学活动应围绕教学对象合理展开，不同学生之间具有共性与特性。共性体现在身体年龄阶段发育的稳定性和普遍性；特性则是每位学生的性别、遗传、生长环境、教育水平、认识能力、身心发展等各方面存在差异，而具体到学生具备的体育运动能力的话，这种差异性就可能更加明显，如在热爱运动的家庭中成长起来的学生，其受父母影响，从小就喜欢参与体育运动或参加业余体育训练，他们的运动水平会比同龄人的平均水平高一些。因此，体育教学中应重视不同学生及同一学生在不同学习阶段的差异，因材施教。

在体育教学实践中，贯彻因材施教原则要求教师做到以下几点：

1. 深入细致地研究和了解学生之间的差异

具体来说，教师可以在学期前进行一些测试或座谈交流，弄清不同学生在身体条件、兴趣爱好和运动技能等方面的差异。此外，教师应认识到学生个体差异的变化和发展规律，如有些学生在一开始的测评中被认为没有很好的运动天赋，但是其本人非常热爱体育运动，在平时的课堂上也非常积极地配合教师完成各种教学内容，慢慢地就会有突飞猛进的进步。对此，教师要有长远的眼光，重视学生的长期发展与提高。

2. 引导学生正确对待与同伴之间的差异

差异的存在，如果利用得当，还是一个教育鼓励学生之间互相帮助，培养团队意识和集体精神的好方法。学生之间的运动天赋和对体育的了解各有不同，要在体育教学中贯彻个体差异性的原则，教师应在充分了解学生个体差异性的基础上，向学生讲解个体差异的存在，并引导学生正确看待差异。差异的存在是客观的，然而这却不能成为歧视天赋较差的学生的理由，同时教师也不能过分偏爱天赋较好的学生。

3. 针对不同学生选择相应的教学方法

在体育教学中，有些项目是不能根据"等质分组"来处理区别有针对性教学的问题。因此，教师面对这种情况时就要运用其他方法来对待个体差异性，如安排"绕竿跑""定点投篮"等教学方法，以便使那些在某些项目中没有任何特长的学生也能对体育产生兴趣，而不是成为体育课堂的"局外人"。体育教师应让每一个学生都能参与到体育教学活动中来，体验运动的快乐，在此基础上获得提高。

4.重视个体差异性与统一要求的有机结合

每一个阶段的学生都有其应达到的教学目标要求，这是经过诸多专家和学者研究而确定下来的，不能因为某一个学生的特殊性而不要求其达到该标准。学生的个体差异是客观存在的，教师应在教学中充分重视这一点，但是体育教师也要立足于整个班级的教学，对学生统一要求，以促进学生完成教学任务，实现体育教学目标。学生的差异性应是在统一教学目标实现的基础上，不同的学生有不同的更进一步的发展。

（六）专项教学原则

体育教学内容丰富、种类多样，不同内容的体育教学对学生的要求是不同的，因此，教师应结合体育教学项目的特点和规律突出不同教学项目的专项性。

专项教学原则符合从实际出发的基本规律，具体要求如下：

①体育教师应通过科学、准确的讲解，让学生明白所学的体育运动项目及本次课教学内容与其他体育运动项目的不同之处。

②体育教师应重视学生专门性知觉的优先发展。体育运动通常是在具体的运动环境中进行的，以篮球为例，篮球运动围绕篮球、篮球场地以及场地上的器材进行，运动过程中，学生对环境和器材的感知是专门性知觉发展的过程，其中手指、手腕对球的控制能力对篮球教学至关重要，因此，教师应重视学生对球控制能力的优先发展。

③体育教师对教学方法和活动设计要符合专项运动对学生的素质要求。

（七）终身体育原则

通过体育教学长久地影响学生一生对运动健身重要性的理解并身体力行地参与其中，是体育教学的最终目的。

在体育教学中遵循终身体育原则，具体应做好以下工作：

1.培养学生的终身体育意识

教学中教师要善于发现学生的体育爱好与技术特长，并加以引导培养，以此来激发学生对体育学习的兴趣，使其树立终身体育意识，养成体育锻炼的习惯。

2.重视教学任务与学生长期发展的统一

体育教师不仅要重视体育教材或某项运动技能的教学成果，还要考虑学生的长期发展，这与体育教育总体目标的要求是一致的。不要急于为某一阶段的具体教学任务的实现而强加给学生不合理的运动负荷，这样会影响学生的身心健康，也不利于其保持对体育的持久参与。

（八）活动安全原则

体育教学不同于其他学术学科教学，体育运动的美或多或少都存在安全风险，这也是体育的本质属性和魅力之一。在体育教学中，尽管这种安全隐患不能完全避免，但应尽量减少和避免意外伤害事故的发生，具体应做到以下几点：

① 加强对学生进行安全意识教育。

② 对各种隐患考虑周密并制订相应预案。

第四节　体育教学过程中的主体

学生是体育教学过程中的主体。以普通高校体育教学为例，对高校体育教学对象——大学生具体分析如下：

一、大学生身心发展特点

（一）大学生身体发展特点

1.身体形态特征

大学生的年龄一般为 18～25 岁，这一时期，人体各器官组织的生长发育都已基本完成，各方面的身体素质也处于较高的水平。性别方面，由于性别不同而使男女大学生之间的身体形态发育很不平衡，男女之间的身体形态具有很大的差异，性别特征差异明显。

2.身体机能特征

身体机能的发展包括神经系统的发育、骨骼肌肉系统的发育、呼吸系统的发育、心血管系统的发育等。

（1）神经系统发育特征：大学生的抽象思维能力、分析综合能力已经非常完善，大脑结构和技能达到成人水平。

（2）骨骼肌肉系统发育特征：大学生在度过青春期后，骨组织内无机盐增多，水分和有机物减少，骨密质增多，骨骼变得粗硬；肌肉长度和横断面积增加，肌力增强，对力量和耐力性的素质练习承受能力也有所增强。

（3）心肺发育特征：和青少年相比，大学生的肺活量、肺容积增大，呼吸肌增强，呼吸频率减慢加深，呼吸调节能力增强。随着年龄的增长，至大学阶段，心收缩力增强，心率减慢，基本达到成人水平。

3. 身体体能特征

大学生的身体体能的发展与身体形态和机能的发展趋于一致，表现出较为明显的波浪性和阶段性，形态、机能发育基本稳定，身体体能达到高峰。此外，大学生的身体体能的发展表现出一定的差异性，如男女大学生体能的发育速度不同、不同大学生各项体能素质的发展速度不同。

（二）大学生心理发展特点

大学生的抽象思维能力较青少年时期有了较大的提高，辩证思维开始形成，思维的独立性和批判性也更加鲜明。在学习方面，越来越重视学习的效果和教师的评价，以及把学习与社会意义和自身的发展联系起来，学习兴趣也开始分化和带有选择性、稳定性，学习的有意性和自觉性有了提高，独立学习的能力也逐步发展。

大学生的道德感、理智感达到较高水平；他们的意志品质也得到迅速发展，独立性和坚持性都有所增强，果断自控能力也随之增强，但仍具有草率性和冲动性。

二、大学生全面发展的体育教学要求

（一）大学生身体健康发展的体育教学要求

结合大学生身体发展的特点，在普通高校体育教学中，要想促进学生的身体健康发展，应做到以下几点：

①体育教师在进行高校体育教学时，要根据不同大学生不同年龄阶段的特点进行科学安排和实施体育教学。

②体育教师在体育教学中，要不失时机地抓住大学生不同年级（不同年龄阶段）的特点，发展他们的身体素质。尤其要重视并善于把握大学生身体发展的敏感时期，采取有效手段，合理组织教育与锻炼，争取取得最佳体育教学效果。

③体育教师在安排体育活动内容时，还要注意大学生生长发育的规律和身体发展特点。具体来说，要结合不同年龄阶段的大学生的特点合理安排运动负荷，在安排大负荷、高强度的运动训练时要特别注意运动损伤的预防和科学处理。

（二）大学生心理健康发展的体育教学要求

大学生的心理健康发展需要教师在体育教学过程中营造一个良好的心理建设氛围，并科学控制教学过程，引导学生情感体验的丰富和心理健康发展，具体应注意以下几点：

①体育教师要建立一个进行体育活动的良好氛围，建立和谐友好的师生关系。提高大学生参与体育锻炼的兴趣，激励大学生参加体育锻炼。

②体育教师在学校体育教学过程中，不应该只注意到大学生性别、年龄上的差异，

还要注意到大学生个体之间的差异，尊重个性差异的存在，鼓励大学生发挥各自不同的特长和技术风格，鼓励学生张扬个性。

③体育教师要把心理发展渗透到学校各项体育活动中去，在高校体育中有意识、有目的地对大学生心理施加影响，在潜移默化中促进大学生心理的健康发展，满足大学生心理发展需要。

（三）大学生社会能力发展的体育教学要求

在高校体育教学中，通过组织和开展教学活动，加强大学生的社会适应能力，具体应做好以下几个方面的工作：

①选择适当的体育活动项目，积极引导大学生在体育活动中扮演和体验不同的社会角色，丰富社会角色体验。

②广泛开展高校体育竞赛，让每一个大学生都能在融洽的环境中交往、合作，共同努力完成体育活动。使大学生在生动、激烈的比赛对抗中培养团结合作精神、竞争意识等。

③重视体育教学内容和运动负荷的科学设计与安排，锻炼大学生克服困难的精神和意志，提高大学生的社会适应能力。

④营造一个愉快、宽松、民主的体育运动氛围，重视大学生对体育运动竞赛规则的遵守，建立大学生的社会民主和发展意识，规范学生的社会行为。

第二章　高校体育教育创新理念

第一节　高校体育教育的道德传承和作用

一、"德"在高校体育教育中的意义分析

增强学生体质，培养学生良好的身心素质，是高校体育教学的根本目标和出发点。在学校体育教学中，学生通过参与身体锻炼以及互相配合来获得知识与技能，这就在客观上为教师培养学生的道德品质提供了条件。但大部分体育教师往往只注重课堂组织教法的运用和学生技能的提高，忽视了体育教学中的德育教育，甚至认为德育是文化课的任务。叶圣陶先生曾说过："什么是教育，简单地说就是要养成良好的习惯，对于德育而言，就是要养成良好的行为习惯。"在体育教学的过程中，教师向学生传递知识、答疑解惑，提高其身体的力量、速度、耐力、柔韧、灵敏等素质。当今社会，由于亚健康人群的增多，身体健康日益成为人们关注的焦点，体育健身锻炼逐渐成为人们生活中不可或缺的部分。德育，主要是指对学生思想素质和道德层面的教育。德育的最终目的是要帮助学生树立正确的道德价值观，对是非荣辱形成正确的评价标准，最后内化为自身的内在品格，保持并发扬于有形的生活之中。因此，现代高校体育教学也成了德育教育的重要载体和桥梁。纵观体育教学，"德"在其中主要具有以下五点意义作用：

（一）培养学生的坚强意志

与竞技类体育教学不同，高校体育教学对学生的技战术没有那么高的标准和要求。现代体育教学需要培养学生的优良品质和良好的意志力来共同达成当今社会所提出的全新的体育教学目标。基于此，体育教师应以体育教学大纲为基本着眼点，适时创新教学内容，对每一个学生进行个性化的特殊处理。

（二）培养学生的竞争意识

现代社会是一个高效率、快节奏的社会，因此，人们若想在社会中脱颖而出，必须时刻保持最佳的竞争状态。竞争意识，简而言之，就是对外界活动持有积极应对的心理反应。作为体育运动项目突出特点的竞争因子在体育竞赛中表现得淋漓尽致。体育竞赛和活动，可以激发学生身上的竞争因子，调动学生的竞争细胞，激发学生的最大潜能。从此种层面上来说，体育教学的德育功能主要体现在激活学生的内在竞争意识，培养学生勇于拼搏的

竞争意识，在竞争中树立良好的道德行为规范。

（三）培养学生的团队合作意识

虽然当今社会充满竞争，但是仍然掩盖不了合作是主旋律的事实。合作意识是个体对共同行动及其行为规则的情感与认知。合作意识也体现在体育运动项目之中，如篮球、足球、接力、拔河等集体类运动项目的开展，单靠一己之力根本无法完成。只有通过队员之间的紧密配合，个人的价值才能在集体中得到最大的体现，最终实现自我价值，取得比赛的胜利。学生与学生之间关系密切了，交流频繁了，无形之中营造出相互帮助、相互关心、团结合作的融洽氛围。这一切也必将为他们在日后融入社会奠定坚实的基础。

（四）培养学生的自我约束能力

自我约束能力，简而言之，就是自己控制自己的所作所为的能力。体育教学管理，相对于常规学科来说，较为困难，这就需要有一定的行为规范来保证体育教学活动的顺利开展。像"三大球""三小球"、田径和各种集体类体育运动竞赛项目，必须遵循该项目特定的规则。所以，长此以往，学生就可自然而然地形成良好的组织纪律观，提高自我约束能力。

（五）调节学生的身心健康

随着社会经济不断向前发展，人们的生活压力、工作压力越来越大，各种"富贵病"接踵而至。研究发现，体育运动可以帮助人们释放压力，满足一定的心理需求。我们不仅要让学生在科学合理的运动负荷下，实现身体素质的全面提升，还要让学生在日常的体育教学训练之余，得到精神上的放松。体育教学的真正价值在于学生在体育课堂上收获的不仅仅是健康的身体，还包含愉悦的心情。

二、中外"寓德于体"教育思想的分析

（一）国外不同时期的"寓德于体"思想研究

1.古埃及和古希腊时期

在古埃及，人们很注重子女的教育问题，古埃及人在关心子女身体是否健康之余，还很关注对子女智力和德育的培养。当子女成长为儿童少年时，古埃及的父母们会适时开展一些适合他们年龄特征、个性特征的游戏；当子女成长为青年时，古埃及的父母们会让他们尝试一些激烈的球类游戏和剧烈的户外运动，充分满足孩子们的身心需求。体育运动的开展不仅有利于人们"体"的发展，也有利于人们"德""智""美"的综合发展。古希

腊人眼中的美德不单单指心灵美,它更关乎人们的道德和心理。所以,他们倡导"智慧的人"与"行动的人"相统一的教育理想。苏格拉底曾说过:"体育和音乐教育一样,应该让他们从小就开始接受,而且体育训练应该十分小心且要终其一生。"

此外,其他一些古希腊思想家也都分别从各个维度详尽地论述了体育与道德之间的关系,但万变不离其宗,其主要论点依然是体育有着不可比拟的道德教育价值。在体育之于品格的价值研究上,古埃及人和古希腊人是明智的,他们很早就看到体育游戏和体育比赛的深层隐性价值。古埃及人和古希腊人主张人的全面发展。"寓德于体"的教育思想在古埃及人和古希腊人身上体现得淋漓尽致,值得我们学习与反思。

2. 文艺复兴和启蒙运动时期

文艺复兴后期法国人文主义思想家蒙田指出:"教育绝不是着重于一个人心灵的培养;我们的教育也不是注重到一个人身体的锻炼。教育的对象是整个的人,我们决不能将之一分为二。"[①] 因此,那一时期体育教育的本质是想让学生在体育锻炼的过程之中提高身体素质、道德素质和心智素质。由此,"身心既美且善"成了该时期希腊人体育教育的主旋律。英国著名的教育家约翰·洛克认为,体育是一切教育的基础。[②] 在他的观念里,培养出健康的人才是教育的最核心任务,而体育是能够实现这一任务的首要之选。他在这一套教育理论的基础之上,又研究出了一套适应该时期社会发展的"绅士评比准则"。他认为,一个真正的绅士不应该只拥有强健的体魄,还应该拥有良好的教养和优雅的风度。"人生幸福有一个简短而充分的描述:健康的心智寓于健康的身体。凡身体和心智都健全的人就不必再有什么别的奢望了;身体或心智如果有一方面不健全,那么即便得到了种种别的东西也是枉然。"自此,"健全的精神寓于健康的身体"成为人们推崇的主流教育思想。

卢梭的"身心统一论"是他的基本理念。他认为:"教育的最大秘诀是使身体锻炼和思想锻炼互相调剂。"[③] 卢梭注重感觉经验,他倡导积极参与体育运动和比赛。此外,他还倡导广泛修建体育设施,推广体育竞技项目和游戏环节。他主张在该时期通过体育锻炼来塑造儿童的自我意识和理智情感。综上所述,众多教育家和思想家都主张人的身心要和谐发展。他们认为,身体和心灵是紧密关联的,让孩子们在游戏、竞技比赛活动之中,养成不畏吃苦、自立坚强、团结合作、勇于竞争、挑战自我等优良道德品格,这即是"寓德于体"。

---

① 米歇尔·德·蒙田(Michel de Montaigne,1533年—1592年),文艺复兴时期法国思想家、作家、怀疑论者。阅历广博、思路开阔,行文无拘无束,其散文对弗兰西斯·培根、莎士比亚等影响颇大。以《随笔集》(Essais)三卷留名后世。所著《随笔集》三卷名列世界文学经典,被人们视为写随笔的巨匠。

② 约翰·洛克(1632年8月29日—1704年10月28日)是英国哲学家和医生,被广泛认为是最有影响力的一个启蒙思想家和俗称"自由主义"之父。

③ 让-雅克·卢梭(Jean-Jacques Rousseau,1712年6月28日—1778年7月2日),法国18世纪启蒙思想家、哲学家、教育家、文学家,民主政论家和浪漫主义文学流派的开创者,启蒙运动代表人物之一。主要著作有《论人类不平等的起源和基础》《社会契约论》《爱弥儿》《忏悔录》《新爱洛伊丝》《植物学通信》等。

3. 近现代时期

近代时期的德国，体育被视为保持身体健康的一种手段。当时德国的体育课程是以养生为主的，主要从卫生角度出发，研究一些与之相关的饮食、锻炼、着装、日光、空气等问题。由此可知，体育教学的三大任务早在 18 世纪后期就已经基本明确了。有着"幼儿教育之父"美誉的德国学前教育家、教育理论家弗里德里希·威廉·奥古斯特 - 福禄贝尔，主张抓住儿童早教这一黄金时期，优先开展体育锻炼，形成科学的道德品格，开发深层的大脑智慧。由此可知，他对游戏活动之于心灵意义是肯定和认同的。一系列的体育游戏活动必然会对其道德品质和智力产生一定的影响。

19 世纪 20 年代末，英国体育思想家托马斯·阿诺德很重视体育运动以及体育游戏对教育的作用，他主张在学校教育中广泛开展竞技游戏，培养学生顽强、果断、正直的思想品格，提高整体教学效果。小说《汤姆·布朗的学校生活》，主要描绘了英国拉格比公学的生活，小说所折射出来的对竞技和体能的关注远比现实生活中多得多。赫伯特·斯宾塞紧随其后出版了《教育论》一书，书中的主要观点为，注重游戏的自然性①。他主张体育教育过程中要记得遵循客观规律，要用科学的思想统领体育锻炼的全过程。他重视体育锻炼过程中人是否释放了最大的自主能动性。此外，他口中所说的自主能动性还包含有一定的独立性，他所希望的自主能动性是在独立性的基础之上产生和发展的。爱默生提出了他的人类自我完善和自立哲学的思想理念，这种思想在健身运动和竞技之中都有着重要的指导意义。健康才是人这一辈子最大的财富，他认为，，离开游戏活动，单独谈一些空理论的教育是不完整的。清教哲学认为竞技运动在一定程度上会对道德品格的形成有影响。苏联现代著名教育实践家、理论家瓦西里·亚力山德罗维奇·苏霍姆林斯基②认为，体育在人个性的全面发展进程中发挥着不可替代的作用。因此，在对学生进行体育教育的同时，必然也会对其进行一定程度的道德教育、智力教育、审美教育和劳动教育。例如，儿童时期的体育教育就应该以发展儿童的身体机能和促进健康为主；少年时期，体育教育的侧重点应当有所转变，除了提高身体素质外，还应拓展精神世界、发展智力潜能。在有了一定体育锻炼的基础之后，身形的变化，能够增添了人们的青春活力与自信，心态和性格也会因此变得柔和。

这一时期"寓德于体"教育思想突出表现为人们对体育教育中德育教育的重视。他们主张依靠纯天然的游戏和竞技来强壮人们的筋骨与体魄，激发情感，培养道德品格，最终

① 夏正慧. 斯宾塞快乐教育思想及其对我国家庭教育的启示 [J]. 鄂州大学学报, 2018, 25(5):4. DOI:10.16732/j.cnki.jeu.2018.05.029.

② 瓦西里·亚历山德罗维奇·苏霍林姆斯基（1918—1970），前苏联著名教育实践家和教育理论家。苏霍姆林斯基从 17 岁即开始投身教育工作，直到逝世，在国内外享有盛誉。他出生于乌克兰共和国一个农民家庭。1936 年至 1939 年就读于波尔塔瓦师范学院函授部，毕业后取得中学教师证书。1948 年起至 1970 去世，他担任家乡所在地的一所农村完全中学——巴甫雷什（也译作帕夫雷什）中学的校长。自 1957 年起，一直是俄罗斯联邦教育科学院通讯院士。1968 年起任苏联教育科学院通讯院士。1969 年获乌克兰社会主义加盟共和国功勋教师称号，并获两枚列宁勋章、一枚红星勋章、多枚乌申斯基和马卡连柯奖章等。

塑造人的性格、磨炼人的心智。

（二）国内不同时期的"寓德于体"思想研究

1.先秦时期

"造棋教子"源于《路史·后记》记载，故事大意为：尧的儿子丹朱，嫉妒心强，骄傲蛮横、凶狠残暴，品德恶劣，兄弟之间争吵不休、矛盾重重。尧得知后命人制作了围棋教育丹朱，希望在"棋道"的教育下，人也能改邪归正。春秋时期伟大的思想家、教育家、哲学家老子有云："不失其所者，久也。死而不亡者，寿也。"人若想肉体活得长久就不能离开生命的根基，但若想获得真正意义上的长寿还是要保持精神上的人格。但是究其实质，养生要保养的不仅仅是单纯的肉体，还应包括精神人格。这就告诉我们应该把形体和精神都抓起来，并且"两手都要抓，两手都要硬"。"静而与阴同德，动而与阳同波"，这句话的意思是与阴同德，就像大地一样，厚德载物；与阳同波，就像九天之上，自强不息。

孔子是儒家学派的代表人物，也是伟大的教育家、思想家。他在传承西周官学中"六艺"的基础之上，发展了独特的"礼、乐、射、御、书、数"等教学内容。孔子的道德标准是"礼"，政治思想是"仁"，对于体育思想而言，他倡导遵"礼"。孔子尚文，但文必须"约之以礼"。孔子尚勇，他认为："仁者不忧，知者不惑，勇者不惧。"但是，他又警告世人"勇而无礼则乱"。故孔子有云："有文事者必有武备，有武事者必有文备。"对于"礼"而言，孔子讲求将其应用于实践，空谈"礼"绝不是他的本意。凡是道德礼仪低下者，均不允许参与其中。因为他认为行射的最终目的并不是谁输谁赢，而是在于品鉴人的道德。由此可知，孔子注重身心合一的教育方式，倡导体育强身健骨之余，更加看重体育之于人的道德的影响。

墨子是墨家学说的代表人物，他主张"厚乎德行，辩乎言谈，博乎道术"。他认为，"德"为"力行"提出了标准、指明了方向。他也主张通过"行射""习御"这一体育途径来强健人的筋骨、内化人的品格。这一时期"寓德于体"教育思想可以归纳为：肯定了体育对身心健康的价值，但是，这两方面相比较而言，更突出体育的健心价值，尤其是其德育价值。

2.唐宋、明清时期

在唐代，以木射为代表的体育活动盛行：用木为侯，以球代箭，用球击射木侯。参加比赛的人员纷纷在木柱的对面用木球往木柱方向投掷，击中有朱笔写"仁、义、礼、智、信、温、良、恭、俭、让"的木柱即获得胜利，击中黑笔写的"慢、傲、佞、贪、滥"，则视为失败。我们以此可以看出古人对哪些道德信仰持肯定态度，对哪些道德信仰持否定态度，进而帮助参加体育运动的人们形成正确的道德评判准绳。儒家"仁爱"思想在古代体育运动中也得到了很好的体现。

明末清初杰出的教育家、思想家颜元，倡导施行文武双全、全面发展、综合素质高的学生教育。他对体育的德育功能有如下理解："人之心不可令闲，闲则逸，逸则放。"因此，他招收学生时就明确提出"礼、乐、射、御、书、数、兵"都将作为学习的重点课程，而其中"射""御""兵"是基础中的基础。颜元倡导身心一致，主张德育、智育、体育同时发展，只有这样才能培养出社会发展所需的栋梁。这一时期"寓德于体"教育思想主要可以概括为：儒家思想中，体育运动蕴含着忠诚仁义、谦虚宽厚、包容礼让等"仁爱"思想。

3. 近现代时期

近代著名教育家蔡元培肯定了体育的首要地位，他说："完全人格，首在体育。"空谈道德的体育，会让人嗤之以鼻；空谈体育的道德，会让人的心灵无处安放。蔡元培在《体育之研究》一文中写道："愚拙之见，天地盖唯有动而已。""人者，动物也，则动尚矣；人者，有理性之动物也，则动必有道。""欲图体育之有效，非动其主观，促其对于体育之自觉不可。"此番言论很好地论述了德、智、体三者之间错综复杂的关系。

中国奥运先驱张伯苓认为，体育学科在学校教育中是一门基础学科，除了强健体魄外，还能培养公民的道德意识。他曾说过："运动之所争也，胜负而已，苟一战而负，人格上固尤在己，若人格有所损伤，则虽胜又岂值得若许代价哉？"著名大学校长梅贻琦认为体育是实现高尚人格的最佳途径。因此，他总结道：竞赛是为了练习团队的合作守法的习惯，而体育旨在促进团队道德的养成。著名体育家马约翰认为，体育除了具有强身健体和道德塑造的价值之外，还具有磨炼性格的价值。他曾说："体育最重要的效能是塑造人格，弥补教育不足之处，要学生学会负责任，学会帮助关心别人。"

这一时期"寓德于体"教育思想可以大致归纳为：肯定了体育的基础地位，与此同时也提出了"德体并进"思想。体育的团结协作、竞争突破精神可以向爱国强国精神靠拢，为祖国的建设提供综合性人才。

第二节　教学创新与人的思维特征

一、教学创新与人的实践

（一）实践是创新的源泉和动力

创新是一种精神，是当今时代的鲜明特征。创新理论无疑需要主体的创新意识和创新能力，但重要的还是以不断变化发展的实践为基础。现实世界体现为主观世界与客观世界的二重化，而实践则是主观世界和客观世界分化与统一的基础。在现实的实践活动中，实践的人通常是实践活动的主导者，是能动的作用者。受动性揭示的是人对自然对象的依赖性，人类的一切活动，包括创造性活动都要受制于对象世界的支配和制约。人是实践的主体，所以能够把外部的现实事物以及人自身都变成认识和改造的客体，主客体之间在实践活动中所以能够实现"双向的对象化"，这在很大程度上要归功于人的能动性。主观世界并不是离开客观世界而独立自存的实体，也不是一个超然于客观世界而绝对孤立自存的世界。当然，主观世界具有的特征正是这种"由己性"，使人们在心意之内随意组合、建构客体，从而使主观世界既可能表现、肯定客观世界，又可能偏离、超越客观世界。主观世界是对客观世界的反映，它在观念的形式中反映着客观世界的内容，在概念中凝结着对客观世界本质的理解。

辩证唯物主义认为，人的认识是实践和创造的统一。首先，创造是以实践为基础的。主体对客体的反映是以信息为媒介的。人们要认识事物，首先要通过认识工具的参与以及感觉器官的作用，把客体复杂的实物形态信息，转化为能被人的感官接收的具有客体特征的信息。其次，人的认识不仅具有实践性，而且具有能动的创造性。也就是说，认识是一个反映、选择和建构的过程，所谓建构，是指主体在思维中对客体信息的重构过程。主体不仅要对来自客体的信息进行选择、加工和变换，而且要按照正确反映客体的要求在大脑中把这些信息重新组合成为观念的体系。可见，建构或重组是认识过程中主体能动性和创造性的突出表现。一方面，人们可以通过实际以及认识活动把客观世界转换为主观世界；另一方面，又可以把主观世界，尤其是其中的理想存在通过实践转换为现实的存在，成为客观世界的一部分。所以我们说，实践呼唤着创新，实践也为创新提供了广阔、丰富和深厚的源泉。

只有深深扎根于实践的理论才具有生机和活力。我们要进行马克思主义的理论创新，就必须不断地深入实践、深入群众，要立足于国内外形势的变化，把群众的智慧集中起来，形成新的思想和新的理论观点。

（二）实践基础上的理论创新是社会发展和变革的先导

实践活动是主体和客体之间能动而现实的双向对象化过程。因此，实践活动是实践主体和实践客体双向的相互转化相互创造的双重化过程，是客体主体化和主体客体化的能动而现实的有机统一。马克思说："一切动物的一切有计划的行动，都不能在自然界上打下它们意志的印记。这一点只有人才能做到。""这便是人同动物的最后的本质的区别，而造成这一区别的还是劳动。"与动物相反，人却通过自己的实践创造活动让周围环境来适应自己，并且能够在自然界的基础上创造出一个适宜于人类自己生存、享受和发展的对象化的世界——"人的世界"。

受动性体现的是客体对象的制约性，而能动性所体现的则是人在对象性的实践活动中所具有的自主性、超越性。恩格斯指出："人的思维的最本质和最切近的基础，正是人所引起的自然界的变化，而不仅仅是自然界本身；人在怎样的程度上学会改变自然界，人的智力就在怎样的程度上发展起来。"人类社会的发展是人们实践活动的产物。这个揭示和把握规律的过程，就是不断深化对客观规律的认识、不断进行理论创新的过程。理论创新是人们对自然、社会和人类自身发展规律更深刻、更完整的认识，它为人们提供科学的世界观和方法论，引导人们冲破传统观念的束缚，拓展新视野，开拓新思路，形成新认识。列宁也讲："没有革命的理论，就不会有革命的运动。"因此，实践基础上的理论创新是社会发展和变革的先导。

一个民族要兴旺发达，要屹立于世界民族之林，不能没有创新的理论思维。我们要顺应时代发展潮流，跟上时代前进的步伐，更要大力推动理论创新和其他方面的创新。深入研究回答现实生活中提出的重大理论和实际问题，努力拿出更多深刻的、有分量、有说服力的思想成果，更好地为党和政府的决策服务。

（三）实践没有止境，创新也没有止境

实践—认识—再实践—再认识，循环往复，以至无穷的过程，也是一个不断创新的过程。作为对客观事物及其过程的观念反映，理论也应该是发展的、变化的。任何一种理论如果不发展、不前进，不能随着时代、实践和科学的发展而不断创新，就会丧失生命力，就会成为历史的陈迹，被历史所淘汰。理论与实践的关系决定了理论必须永不停止地创新，科学的理论是对它所反映的特定领域普遍的、本质的内在联系的抽象和概括，因而能覆盖、解释相应领域里的各种现象，并成为参与这一领域实践活动的指南。"太阳每天都是新的"，现实的实践永无休止地在发展，而理论常常滞后于实践，这就决定了理论在本质上应该不断地发展和创新。

在实践活动中，始终存在着遵循规范和不断创新的矛盾，能否科学合理地解决这一矛盾直接关系到实践活动的成败。一般而言，人类的实践活动总是遵循一定规范的。对旧规范的突破、新规范的建构就是人类活动的创造性表现。规范具有一定的局限性。规范即使是正确的，它也受到两个维度的制约：一是时间维度，规范是静态的，而不是趋前的；二是空间维度，规范具有排斥性，它不能容纳非规范、非常规的事物。规范的局限性说明了创新的必要性。规范无疑对现实和未来的实践活动具有重要的指导作用，但不能一味地用既有规范去认识或评价变化发展了的事物，去分析有多种差异的其他事物。创新是理论的生命，理论的发展是辩证，创新必须保持与时俱进的精神状态。

二、教学创新与人的思维特征具体分析

"思维是一种高级、复杂的认知活动，是人脑对客观现实进行的间接和概括的反映。"

（一）人的思维与心理过程的关系

1.思维与认知过程

思维是以注意、感知、记忆为基础的。感知获得的事物映象，只有被保存在记忆中，

思维才能对保存的事物映象进行分析综合、比较分类、抽象概括，才能反映事物的本质和内在联系。注意、感知、记忆为思维活动的产生奠定了基础，思维包含着注意、感知、记忆的成分和内容。想象和思维同样属于认识过程的高级阶段，二者的区别在于认识活动中所用的各种材料不同，思维用的是抽象材料，想象用的是形象材料；思维的结果是对事物本质属性、内在联系的抽象表达，想象的结果是对事物的本质属性的内在联系的形象表达。有的心理学家把想象视为形象思维。有的认为"想象是思维活动的一种特殊形式"。

2. 人的思维与情感

思维是情感产生的基础之一，美国心理学家阿诺德的研究表明，对刺激的评估是情绪产生的直接原因。沙赫特的实验表明，情绪的产生是刺激、生理、认知因素三者整合作用的结果。他们都认为认知、评估等思维活动对情绪的产生具有重要的作用。情绪情感一旦产生，对思维会产生反作用，而不适当的情绪情感对人的思维活动效率具有消极作用。一般来说，快乐、兴趣、喜悦之类的正情绪有助于促进认知操作活动，而恐惧、愤怒、悲哀之类的负性情绪，会抑制和干扰认知操作活动。"情感对认知操作活动的积极与消极作用，还反映在情绪的强度上。一个人当情绪唤醒水平较低时，有机体得不到足够的情绪激励能量，智能操作效果不高。随着情绪唤醒水平的上升，其效果也相应提高。但唤醒水平上升到一定高度时，再继续上升，情绪激励的能量过大，使人处于过度兴奋状态，反而影响效率。"这就是反映情绪强度与认知操作活动效率之间关系的耶基斯－多德森定律。

3. 人的思维与意志

意志与认识关系密切，意志依赖于认识，并以认识为前提，尤其以思维为前提，任何目的的确定，都要经过对主观需要、主观客观条件进行思维，进行可行性分析思考。思维活动中有意志的参与，是一种艰辛的脑力劳动，须要有坚强的意志做后盾，才能使思维活动确立方向，获得支持，克服困难，使认识活动获得进展。"众里寻他千百度，蓦然回首，那人却在灯火阑珊处"，正是在意志支持下克服思维中的困难，使思维获得突破进展的生动描述。思维与意志虽属不同性质的心理活动，但两者关系密切，思维中有意志的参与，思维中渗透着意志。

（二）人的思维与个性的心理关系

1. 思维与个性心理特征

思维活动是思维能力形成的条件和基础，不进行思维活动，思维力无从产生和发展。思维力是个体能力结构的核心和代表，所以说思维是能力形成的重要前提之一。若无注意力，无法锁定对象；若无记忆力，信息、映象无法储存积累。思维力强，思维活动进行顺利，效率高，个体思维活动中蕴含着、形成着能力，反映着个体已有的能力状况。个体的这些基本神经过程特征，对思维活动也会造成影响。多血质气质类型的个体对所遇到的需要思考的问题，会从不同的角度来思考，能很快找到解决办法，显示出思维的灵活性、敏捷性、广阔性。胆汁质类型的个体遇到需要思考的问题，往往直情径行，只顾一点，不计其余，常认准一条道，坚持到底不回头，表现着思维的独立性、坚韧性、深刻性。个体的思维活动反映着个体气质类型的特点。

性格是个性的核心，是一个人本质属性的稳定和独特的结合，每一个体的思维活动有自己的稳定特点、习惯。有的人综合地看问题，易看到事物的整体，有些人分析与综合兼顾，二者平衡；有的人善于抽象思维，有的人善于形象思维。个体性格的理智特点一经形成，就会左右着、规范着个体思维的方向、思维的方式。所以说，思维反映着性格、形成着性格。从上述分析中可以看出，思维与个体心理特征联系密切。思维蕴含着能力、气质和性格的类型和特点。

2. 人的思维与个性倾向

任何个性倾向的产生都需要有思维的理性分析，即使是个体生理需要，也须有思维的分析、评估、判断，然后才能确立该需要，设法满足该需要。对于尚未立业、尚有重要任务未果的青年来说，也许会把结婚需要暂时放在一边，或隐匿压抑起来，所以某些需要会不会被意识到、被确认，会不会在需要体系中占据一定位置，须有思维参与认识评判才能确定。

高中生报考某高校专业学习的动机，须以深思熟虑，以对客观条件的分析、综合、比较、推断等思维活动为前提，未经思维分析，动机便难以确立。个性倾向一旦形成，对个体的思维活动便会产生动力作用，定向作用。个性倾向是思维的动力源泉之一，从思维活动的状况，可反映出个性倾向的特点。

3. 人的思维与意识的关系

意识是人脑对于客观世界的反映，意识对客观世界的摄影、摹写、摹本，是对客观世界的主观映象。意识是借助于语言实现的对客观现实的反映，通常人们把人脑对客观现实的反映统称为意识。从心理学的动态维度分，可以把心理现象划分为心理过程和个性心理；从意识性维度上分，可以把人的心理现象分成意识、无意识、社会意识、个体意识、客观意识、自我意识、元意识等。思维是意识的高级形态。思维涵盖着意识的全部内容。对于所谓外界影响不要做简单化的理解，制约心理现象的不仅有现实的外界影响，还有人所感受过的过去的外界影响的总和。思维不仅反映着个体所处的客观现实，受客观的制约，还受着全部意识的影响制约，反映着个体意识的全部特点。

思维与意识过程的其他环节关系密切，思维与情感过程、思维与意志过程关系密切。思维与个性心理特征、个性心理倾向等关系密切，思维活动与其他心理活动过程共同在动态活动中构建出相对静态的个性心理结构。在个体的思维活动中便反映和包含着个性心理结构的成分、特点和功能。思维作为高级意识形态，是人脑对客观现实的、间接的、概括的反映。概括起来看，个体的思维反映着个性心理现象的全部信息，反映着个体社会存在的种种特点，反映着个体意识的所有特点。思维活动不是孤立的，是受其他各种心理活动制约影响的。

第三节　高校学生创造力的培养和开发

一、人的创造和创造力开发

创造是人类区别与动物的基本特征和标志之一。随着现代科学技术与经济的快速发展，人类对科技人才创造力的培养与开发提出了更高的要求。当今世界，科学技术突飞猛进，知识经济已初见端倪，国力竞争日趋激烈。国力的强弱越来越取决于劳动者的素质，取决于各类人才的质量和数量，这对中国培养造就21世纪的一代新人提出了迫切的要求。

（一）创造是智力因素和非智力因素的结晶

智力是人们在认识客观事物的过程中所形成的认知方面的稳定心理特点和综合，对于它与创造力的关系，研究结果并不完全一致。有的发现创造力高者智力未必高，或智力高者创造力未必高；有的发现智力低创造力必低；还有的发现创造力与智力的相关高低随着测量性质的变化而变化。智力高的人虽然可能比智力低的人更有创造性，但高的智力并不是创造力的充分必要条件。很多智力水平高的人也没有不同寻常的创造力。

非智力因素则有广义和狭义之分。从广义的角度说，凡是智力因素以外的心理因素，甚至道德品质都是非智力因素；从狭义的因素看，常常只把动机、兴趣、情感、意志、性格五个心理因素包含在非智力因素之内。创造力高的人常常具有特定的个性特征，如独立性强、自信、常常被复杂性所吸引、富有责任感、感情丰富、有决心、勤奋、富于想象、依赖性小、幽默、爱自行学习、愿意尝试困难工作、好冒险、有强烈的好奇心、能自我观察、兴趣广泛、爱好沉思、不盲从，等等。但显然，取得卓越成就所要求的不仅是较高的智力，更重要的是非智力因素。

个体的智力因素和非智力因素的发展，总是紧密联系、互相制约的。智力因素可以促进非智力因素的发展，例如，观察力发展中敏捷性的提高、思维力发展中探索性的培养、想象力发展中的独特性，等等。反之，非智力因素也可以促进智力活动过程，它可以强化创造意识，激发创造热情，从而为智力活动的顺利进行提供动力，为智力因素的发展创造条件。因此可以说，创造是智力因素和非智力因素的结晶。

（二）创造是显意识和潜意识的交融

精神分析学派认为，人所意识到的仅仅是人的整个精神活动中位于心理表层的一个很小的部分，即显意识，而人的大部分精神活动则存在于心理的深层，往往意识不到，属于潜意识范畴。潜意识是自身意识不到并不能加以控制的意识，它包括各种各样的先天的本能和后天长期积累起来的储存在头脑中的知识经验。

现代心理学研究表明，创造是显意识和潜意识高度统一的产物。因此，整个创造活动都是由意识控制着。可以说，在创造活动进行而无明确结果时，在创造的冥思苦想获得某种启示而豁然顿悟之前，确实存在着一种"潜意识"状态。可见，创造是显意识与潜意识交融的过程。潜意识是人类重要的意识库，人的绝大部分消息，就以这种形式深藏在潜意识的汪洋大海里。潜意识能阻碍来自客观的大多数刺激，而让少数经过选择的刺激信息进入潜意识思维过程。由于潜意识不像显意识那样遵循着正常的逻辑轨道，它不受人的知识经验、习惯定式的影响，可以不断地、无规则地流动、跳跃、弥漫、渗透，自由地、广泛地进行联系。在创造史上由于梦幻状态中的潜意识活动而产生创造性灵感的事例是很多的。在梦中，储存在大脑中的各种信息，不受自觉意识的制约，自由地组合成各种形象，其中也许绝大多数是荒唐的，但有极少数也可能是打破了常规逻辑程序、具独创性的新的形象和消息组合，给人以有益的创造性启示。

（三）创造是形象思维与逻辑思维的互补

人们对客观世界的认知是从感知开始的。关于客观事物整体形象的知觉就保留在人脑的记忆中形成了关于事物形象的表象。由个别事物的表象上升为一般表象，形成概念。在感性认识基础上，借助于抽象概括，将对具体事物的感性的表象上升为意象，将记忆中形象的表象作为思维材料，以联想和想象的形式对其进行再现、分析和组合，创造出新想象的思维过程与方法，就是所谓的形象思维。联想作为一种形象思维方法，也是创造活动所不可缺少的。在科学发现和技术发明活动中，人们的创造性思维有时表现为这样一种序列，即联想、类比、再造或创造性想象，最终建立起来某种认识模型或发明新产品、新技术。

尽管直觉思维、想象思维都是人们从事创造发明的思维形式和方法，但是他们本身也离不开逻辑思维的辅助和准备。没有逻辑思维能力的人是难以获得创造成果的，完全脱离逻辑思维，仅凭"灵感"或形象思维而获得科学发现或创造发明的情况更为罕见。心理学的研究表明，就思维的过程来说，逻辑思维和形象思维是不能截然分开的。在思维过程中，往往是用词语支配知觉和表象，同时又用知觉和表象来检验词语。

（四）创造是求异思维和求同思维的统一

创造力研究中广为使用的求异思维和求同思维是美国心理学家吉尔福特在"智力结构的三维模式"中明确提出并予以界定的思维方式。求同思维是指从已知信息中产生逻辑结论，从现成资料中寻求正确答案的一种有方向、有范围、有条理的思维方式。求异思维具有三个重要特征：流畅性、灵活性、独创性。求同思维在创造过程中也是不可缺少的，实际上，求异思维和求同思维之间有着极为密切的关联。所以说，创造力是求异思维和求同思维高度统一的产物。

（五）创造是知觉思维和分析思维的有机结合

知觉思维是人脑基于有限的数据和事实，调动一切已有知识经验，对客观事物的本质及其规律性联系做出迅速的识别、敏锐的洞察、直接的理解和整体判断的思维过程。而分析思维则是指遵循严密的逻辑思维规则，通过逐步推理得到符合逻辑的正确答案或结论的思维方式，它进行的模式是阶梯式的，步骤明确，包含着一系列严密、连续的归纳或演绎过程。知觉思维有两种形式，即直觉判断和顿悟（或灵感）。知觉判断是一种自觉的思维形式，也可以说是逻辑判断的一种超常形式。顿悟或灵感则表现为自觉思维过程的中断，是在主体苦苦思考某个问题而理不出头绪，一时间不知所措，将问题暂放一边时却突然开窍，使问题获得解决的超常思维形式。

大量的思维表明，在创造活动中，直觉思维在确定研究方向、选择有前途的研究课题、识别有希望的线索、预见事物的发展过程和研究工作的可能结果、寻找解决问题的有效途径具有突出作用。它与分析思维相比，具有以下显著的特征：一是逻辑性；二是直接性；三是自动性，直觉思维是一个自然而然的过程，无须主体有意识地做出努力；四是快速性；五是个体性，直觉思维的主题对思维过程各种运算、心理活动没有清晰的认识，无法向他人说明，带有很大的个体性；六是坚信感；七是或然性，由直觉思维得出的结论可能正确，也可能错误，具有或然性，要逻辑或实践加以检验。

创造常常是在直觉思维和分析思维的密切配合、协同活动下进行的。直觉思维是在积累知识经验的基础上形成和进行的，丰富的知识经验，有助于人们触类旁通，形成深邃的直觉。直觉思维的运用，在于人们对各种实践方法的运用已十分娴熟时，遇到问题几乎无须再有意识地选择，就能随机应变。直觉思维实际上是分析思维的高度压缩、简化、自动化和内化。直觉思维和分析思维各有所长，也各有所短。创造就是直觉思维和分析思维有机结合、协同活动的结果。

（六）创造是左脑和右脑两半球的沟通

人脑左右两半球在功能上是高度分化的，左半球主要是处理言语，进行抽象逻辑思维、集中思维、分析思维的中枢；其操作是串行的、继时的信息处理，是收敛性的因果式的思考方式。而右半球则主要是处理表象，进行具体形象思维、求异思维、直觉思维的中枢；具有非连续性、弥漫性、整体性等功能；其操作是并行的、空间的信息处理，是发散性的非因果式的思考方式。这就使得两半球总是息息相通、高度统一协调，构成了一个统一的控制系统。斯佩里的研究表明，胼胝体"缺失"，会阻碍人脑左半球中专门化的非言语和空间定位的正常能力，同时左半球的言语和意志活动能力也会受到极大的影响。大量的研究表明，两半球在功能上不仅有分工，而且还有一定的互补能力，它们在一些具体功能上虽然存在主次之分，但都是相对而言的，而不是一种"全和无"的关系。因此，左右脑就好比是个不同类型的信息加工、控制系统，两半球间存在着密切的相辅相成、协调统一的关系，正是由于有胼胝体沟通左右两半球的这一联结功能，才会有大脑两半球的协同合作，才会形成既具有抽象的性质，又具有形象特征的"顿悟"或"灵感"，才能保证人类创造得以成功。

（七）创造是元认知监控的过程

元认知包括元认知知识、元认知体验和元认知监控三个方面。其实质是个体对其认知活动的自我意识与自我调控。通过自我意识的监控，人们可以控制调节自己的思维和行动。在这里，主体不时地进行自我反馈是非常重要的，它使主体及时发现认知活动进行过程中存在的问题，并做出相应调节，从而减少了认知活动的盲目性。

如前所述，创造是智力和非智力因素、显意识与潜意识、想象思维和逻辑思维、求异思维和求同思维、直觉思维和分析思维的综合效应。可见，创造活动过程的顺利进行，离不开元认知的调控。创造的产生通常是由于采纳和使用了某些思维方式直接导致，而采纳和使用这些思维方式显然是超载主体元认知监控的结果。总之，创造就是产生新颖、独特、有价值的产品的过程，它是一种复杂的心理整合过程。

二、高校学生创造力的培养及开发

许多学者相信，创造力是可以通过训练加以提高的。帕金斯认为，有关创造力的理论支持，创造性思维可以培养假设。创造力与许多变量有关，在个体创造里的发展过程中，这些因素都扮演着一定的角色，因此，可以围绕这些因素来培养和开发学生的创造力。

（一）帮助学生树立目标和意图，强化内在动机

有证据表明，在有目标的条件下，即使不指导学生如何做，他们的行为有时也会比无目标时更具有创造性。许多学者也认为，动机创造过程中扮演着非常重要的角色，有创造力的科学家与艺术家对待自己的工作常常充满激情。一个强烈希望自己有所发明创造的人，往往更可能获得发明创造的成果。虽然动机对创造力具有重要影响，但是动机有内在动机和外在动机之分，这两种类型的动机对创造力的影响是不同的。内在动机一般是出于对任务本身的兴趣，较之外在动机，内在动机对创造力发挥具有更大的影响。

（二）帮助学生掌握核心技能和专业知识，加强有利于创造的思维方式训练

近年来出现的有关创造力的一些新的、综合的理论倾向认为，创造力是许多因素，如个体特征以及社会、文化和环境等相互作用的结果。例如帕金斯认为，创造力是由内在动机、专业知识和能力，以及与创造有关的能力构成综合体。个体从某个专业领域中获得信息并通过加工、个体特征和动机对它进行改造和扩展，再由控制和影响一个专业领域的人

所组成的场，对新思想进行评价和选择。

在教育过程中强调基本技能的培养有助于促进学生创造力的发展。在这些计划中，培养学生的"核心技能"成为一个占主导地位的重要内容。1989年，时任英国教育与科学大臣贝尔在一次讲话中曾提出：年轻人如果要在未来把握更大的机会，就必须掌握一定的知识与技能，他们要接受基础更为广阔的训练，要向雇主展示灵活性，要具备独立思考和行动的能力。沟通基本的计算能力、人际关系（小组工作与领导才能）、熟悉技术、熟悉社会制度和熟悉变化的工作与社会条件单位等核心技能。在某个领域做出创造工作的人，几乎都是该专业领域知识渊博的人，一个人如果不了解某个学科的知识，是不可能期望对该学科做出具有深远影响的创造的。专业知识在创造过程中则具有两面性：一方面，个体要把一个专业领域推向前进，就要对这个领域有充分的了解；另一方面，对一个领域的了解，也可能导致封闭和墨守成规。一个人如果既能整体地又能部分地思考问题，对成为创造性思想者或许是有帮助的。

（三）激发与奖励学生的好奇心与探索精神

好奇心是一种持久的、根深蒂固的个性特质，对一个人的生活方式有重要影响。当新奇刺激出现时，会引起人们注意，进而接近、了解事物，尝试解决"这是什么""为什么"等问题。能够促发和唤起创造的好奇心，不愿意把什么事物都当成既定事实而不加批判地接受，而是强烈要求得到解释。许多研究认为，从不同的角度尤其是从新奇的、不同寻常的角度思考问题的能力，以及改变自己思考角度的意愿与能力，是创造性思维非常重要的一个方面。或许有些人对周围世界的好奇心天生就比别人强，但是，所有儿童都有好奇心，他们到成年阶段能不能把这种好奇心保持下来，在很大程度上取决于早期生活是鼓励还是抑制这种好奇心。在课堂学习情景中激发学生好奇心的一种方法是让质疑成为日常课堂交流的一部分。教师的角色不仅仅是向学生传授事实知识，而是要帮助学生理解他们的任务是培养应用知识的能力，帮助学生学会如何形成一个好的问题及如何回答问题。

学生在本质上是一个质疑者，他们应用这一技能适应变化的复杂世界，学生是否能够继续提问，在很大程度上取决于教师对他们问题的响应。教师的响应方式可以分成若干种不同的水平，它们对学生智能发展的功能是不同的，响应水平越高，越有助于学生智能的发展。

第三章　高校体育教学方法的改革与创新

第一节　高校体育教学中多媒体技术的应用

一、多媒体教学技术的特征

（一）多维性特征

所谓的多媒体技术的多维性特征，主要指的是多媒体教学技术所拥有的对信息范围进行处理的扩展与扩大空间的能力，而此种多维性职能能够变换、加工、创作输入的信息，使其输出信息的表现能力得到增加，其显示效果得到丰富。例如，在高校体育教学开展的过程中，利用多媒体系统进行辅助，不仅能够保证学生对文本知识的学习，使其对静止图片进行观察，而且在多媒体技术的支持下，学生能够清楚地观察、了解体育教师的动作演示，使高校体育教学效果得到加强。

（二）集成性特征

所谓的多媒体教学技术的集成性是指在课堂教学中，对文本、图形、图像、声音、动画、视频等多种媒体信息的综合运用。教育的目的是把知识快速高效地传递给学生，在知识传递的过程中，尽量把抽象的知识变得直观化，复杂的知识简单化，突出重点和难点，拓展学生视野，提高学生的学习兴趣，使学生能对所学知识有更好的理解。此外，集成性还存在另外一层含义，指的是对这些多媒体信息进行处理的工具或者设备的集成，包含视频设备、储存系统、音响设备、计算机系统等的集成，总而言之，指的是在提供的各种设备上将各种媒体紧密地进行关联，使文字、声音、图片与音像的处理实现一体化。

（三）交互性特征

所谓的多媒体教学技术的交互性特征，主要指的是人和人之间、人和机器之间、机器和机器之间的交互活动，也就是人和机器进行对话的能力，也就是使用者同机器之间进行沟通的能力。这也是多媒体计算机系统不同于传统音响、电视机等家电设备的地方。根据实际的需要，人们能够选择、控制、检索多媒体系统，同时，还能够参与到播放多媒体信息与组织多媒体节目的行列中。传统的只能对编排好的节目被动接收的电视机形式已经被打破。

（四）数字化特征

所谓的多媒体教学技术的数字化特征，主要是指在多媒体计算机系统中，各种各样的媒体信息都是以数字的形式在计算机中存放，并得到处理。多媒体技术是在数字化处理的前提下被建立的，例如，以矢量方式储存与处理的图形、以点阵方式储存与处理的图像、以数字编码方式储存与处理的音频和视频。在数字化技术发展的背景下，多媒体教学技术得到了广泛的传播与发展。

除了上述的四种主要特征，多媒体教学技术还有其他的一些特征存在，通常来讲，还拥有分布性、综合性与实时性等特征。所谓的实时性特征，主要是指多媒体信息可以得到实时控制，如声音与视频信号等的处理，还有人机的交互显示、操作与检索等操作都存在实时完成的要求。所谓的分布性特征，主要指的是基于多媒体数据多样性的存在，在不同的时间与空间都会存在它的素材，并且在不同的领域中，它也得到了广泛应用。所以，对于多媒体产品的开发，在离不开计算机专业人才参与的同时，更加需要的是听、视专业的人才。而多媒体计算机系统存在比较明显的综合性，它不仅能够综合集成各种媒体设备，同时还能够综合收集各种信息，使它们成为整体，促进综合效应的产生，不再是单兵作战，而是文字、图片、声音与音像的有机组合。

二、多媒体在高校体育教学中的应用优势

多媒体教学技术通过文字和图形的形式，同动画、音频与视频相结合，将体育课程的教学内容进行立体的显示，具有表现形式和表现手段丰富多样、灵活多变的特征，使其独特的优势得到充分体现。

（一）多媒体技术使高校体育教学观念得到了更新

高校体育教学的传统教学模式是以教师的"教"作为重心，在高校体育教学应用多媒体技术，能够使此种传统高校体育教学模式发生改变。体育教师在进行授课的过程中，对现代化的多媒体教学手段进行了应用，同时还需要人机交互活动与学生间交流活动的开展，使学生的体育参与意识得到激发，将体育多媒体教学的教学思想进行了展现，即以学生的"学"作为中心。这都能够极大地促进高校体育教学方法的实践性与多样性变革，改变学生体育知识与体育技能的学习思路与方式。

（二）多媒体技术使高校体育教学的质量得到提高

在体育课程的传统教学活动中，教师的教学方式是以讲授为主，挂图等展示方式为辅。在实践课中则需要体育教师进行讲解与示范，在主观条件与客观条件的约束下，很难做到完全规范、标准的技术动作示范，在较短的时间内，学生正确的动作概念也很难形成，这样的高校体育教学效果也是可想而知的。

多媒体高校体育教学的实施使得上述状况得到改变，在文字与图片的辅助下，体育课程的抽象概念得以具体化、形象化，而通过计算机，就能够对难度较高的体育技术动作进行模拟演示。而在对速度较快、结构复杂的技术动作进行讲解与示范的过程中，取得的效果则将会更加明显。在多媒体技术的支持下，通过慢动作使学生对这一系列动作进行清晰的感知，促进相关体育概念的形成与动作要领的掌握，方便进行模仿与掌握，使得高校体育教学的效率与效果得到极大的提高。

（三）多媒体技术使学生的体育学习效果得到提高

多媒体技术能够使人的视觉、听觉等多种感官系统得到刺激，促进大脑不同功能区域交替活动的开展，促进体育学习内容生动化、形象化的发展，增强高校体育教学活动的趣味性与直观性，方便学生对体育技术动作的理解。多媒体技术对字体、色彩、图表、音乐、动画和闪烁等多种表现手段进行了综合利用，保证"声图并茂""有声有色"，使得高校体育教学内容的艺术表现力与感染力得到增强，使高校体育教学的课堂氛围得到活跃。特别是多媒体高校体育教学资料中对肢体和谐美、力量美与技艺美的体现，使大学生对体育的功效与个性的社会价值取得真正的认识，使他们的求知欲与体育学习的热情得到激发，进而使学生的体育学习兴趣与体育课堂教学的质量得到有效提高。

三、多媒体 CAI 在高校体育教学中的应用

（一）目前我国 CAI 的发展现状

目前，我们正迎来了一个全面应用CAI（Computer Assisted Instruction，计算机辅助教学）教学的时代，即运用先进的计算机技术、多媒体技术、网络技术、通信技术和设备，"让最好的教师面向最广大的学生"的时代。所以，保证 CAI 课件大数量、高质量的发展具有十分深远的意义。

（二）多媒体 CAI 的发展趋势

对于近年来在 CAI 中多媒体技术的应用情况进行综合分析，可以得知多媒体 CAI 的应用存在三个方面的发展趋势，具体内容如下：

1. 呈现网络化的发展方向

计算机技术的不断发展，尤其是网络技术的迅猛发展，使人们的生活方式与工作方式得到很大的改变。网络技术的发展需要多媒体技术的支持，而多媒体技术需要在网络中得到应用，进而使网络的表现力得到了增强。在网络中应用 CAI 课件，能够保证"最好的教师面向最广大的学生"，进而使多媒体 CAI 的群体教学模式得以实现。

2. 呈现智能化的发展方向

从功能上来讲，多媒体教学软件与智能教学辅助系统之间存在着互补的关系，如果能够将两者进行结合，那么就能够在规避短处的同时发扬长处，进而使得性能较高的新一代多媒体 CAI 系统得以顺势而生。如果想要使多媒体 CAI 具备一定智能的问题得以实现，那么就不仅仅要同人工智能领域的知识表达与知识推理紧密联系在一起，同时还要对学生模型的建构问题进行考虑。在人工智能领域的知识表达与知识推理问题上，要探求出一种能够与多媒体环境相适应的、新型的知识表达方式及与之相对应的推理机制。

3. 呈现虚拟现实的发展方向

虚拟现实的英文全称是 Virtual Reality，简称为 VR，属于人机交互的一种虚拟世界，需要多媒体技术同仿真技术的有机结合，在此种人机交互的情境中对一种身临其境的感觉进行创造。通常来讲，如果想要融入虚拟现实的环境中，那么就要佩戴一个特殊的头盔与一副特定手套。

在高校体育教学中应用 VR 技术，具有十分令人鼓舞的前景。例如，我们可以对一个"虚拟物理实验室"的系统进行建造，这种系统能够帮助学生开展各种各样的虚拟实验，如万有引力定量实验等，进而深入地了解物理的概念与规律。

伴随多媒体技术与仿真技术的不断发展，VR 实现的理论与方法也在不断发展。

（三）同传统的高校体育教学方法相比，多媒体 CAI 具有的优势分析

在高校体育课堂教学活动开展的过程中，由于高校体育教学内容与高校体育教学任务方面存在着一定的需求，因此，多媒体 CAI 能够科学地、合理地对现代化教学媒体进行选择，并进行应用。而信息的全方位传递需要人体的多种感官，同时对于媒体组合开展的系统教学能够进行反馈与调控，在高校体育教学课堂教学开展的过程中，保证它的存在是始终有效的，从而实现高校体育教学过程的优化。

多媒体 CAI 高校体育教学同传统的高校体育教学活动相比较，存在的优点有以下几种：

1. 体育教师在指导学生体育学习活动的过程中对其系统进行利用

在现代化高校体育教学中，计算机能够对大量的教学相关信息进行承载，能够按照高校体育教学的实际需要，开展人机对话，并且能够对各种各样的高校体育教学活动随意地调用、开展。

2. 可帮助学生尽快建立动作概念

如果能够将多媒体 CAI 应用在体育课堂教学过程中，就能够促进获得较好的教学效果。例如，体育教师在对足球理论课进行教授的时候，提到"越位"这一概念的时候，大部分学生对此概念能够很好地理解，然而，在具体的实践中却不能较好掌握。在进行表达的过程中，体育教师可以利用画图的形式进行讲解，同时，还能够对声像资料进行应用，将足

球比赛活动中一些典型的与不典型的"越位"镜头编辑在一起，从各个角度出发，向学生展示什么是"越位"。同时还要将经过反复推敲的解说词列入其中，使学生的各个感官得到调动，从理性上与感性上使学生对这一概念进行理解。

3. 学生可用其开展自我学习、自我测验与自我评价

对于多媒体高校体育教学的使用方法，由体育教师向学生传授，保证学生的体育学习活动，不仅能够在课堂上进行，还能够在课堂教学结束后开展，即复习或自学。

4. 向学生及时、准确地反馈其学习进程，使体育学习效率得到提高

在传统的高校体育教学过程中，教师在对跳远动作进行教学的时候，会指出学生做出的不规范动作或者是没有达到规定标准的动作，但是有时候学生可能并没有意识到错误的动作，因此导致教师和学生之间出现了沟通障碍。需要注意的是，如果想要消除掉此种沟通障碍，就需要在体育教师的悉心指导下，学生对某一种动作一遍一遍地不断重复，并且在不断地重复练习中，对动作的要领不断体会。体育教师对每一次学生做的跳跃动作进行录制，进行慢动作处理，再组织学生进行观看，使学生对于存在的问题能够及时发现，并予以纠正。还可以利用计算机，事先将一些优秀学生所做的这一动作进行录制，再将两者开展对比，就能够很明显地得出两者之间存在的区别。

5. 使学生的体育学习兴趣提高

在传统高校体育教学活动开展的过程中，鉴于单调高校体育教学形式与落后高校体育教学手段的存在，使得学生由于学习过程反复、辛苦、无聊而产生的不能积极应对学习的心理状态想要调整过来是不容易的。这时可利用多媒体进行调节，由于多媒体 CAI 具有的形式是新颖的、变化多样的，能够对学生心理状态进行调节，同时还能够有效刺激学生自身的求知欲，从而使学生的体育学习效率得到一定的提升。

综上所述，多媒体 CAI 能够刺激学生的各种感官，对知识或信息进行最大限度吸收。多媒体 CAI 在高校体育教学中的应用能够促进高校体育教学软件多媒体化的发展，使学生心理上的不同要求得到更好的满足。它能够将信息编码成图像，经过同步识别以后，保证高校体育教学软件的图文并茂、绘声绘色，且清晰，便于理解，使学生更加容易接受。

（四）体育多媒体 CAI 课件设计

体育课件的结构主要包含两个主要部分，即原理教学模式与训练教学模式。而对于体育多媒体 CAI 课件而言，总体的结构组成是高校体育教学内容与高校体育教学目标，其主要目标是使学生对体育基础知识和基本技术、技能进行掌握，使学生的身体素质得到增强，使学生的良好思想品德得到培养，促进学生观察能力与模仿能力的提高。而体育多媒体 CAI 课件的主要内容由理论课与实践课构成。

1. 体育多媒体 CAI 课件设计步骤

体育多媒体 CAI 课件在设计的过程中，主要包含四个主要步骤，具体内容如下：

（1）体育多媒体 CAI 课件设计的第一阶段

在体育多媒体 CAI 课件进行设计的第一阶段，首先要对题目进行确定。之所以对题目进行确定，目的在于对课件设计所依据的规范进行了解。

（2）体育多媒体 CAI 课件设计的第二阶段

在体育多媒体 CAI 课件设计的第二阶段，要对脚本进行撰写。撰写脚本的目的是对高校体育教学的内容进行安排。主要由具有丰富教学经验的高校体育教师或者学者来负责撰写。

（3）体育多媒体 CAI 课件设计的第三阶段

在体育多媒体 CAI 课件设计的第三阶段，需要编制软件。在前两个阶段中还只是纸上谈兵，但是在这个阶段，编制软件不再是字面上的，而是课件的实际材料。在这一过程中要做的工作有三项，即：①通过对多媒体编辑工具的利用，对多媒体数据进行整理；②通过多媒体的制作工具对多媒体课件进行制作；③对相关的程序进行编制。

（4）体育多媒体 CAI 课件设计的第四阶段

在体育多媒体 CAI 课件设计的第四阶段，需要测试、检验。当完成了体育多媒体 CAI 课件的开发、设计工作以后，就需要进行测试、检验。主要目的在于对体育多媒体 CAI 课件的运行情况进行测试，从而对课件能否达到规定的目标进行测验。

2.体育多媒体 CAI 课件的选题原则

我们都须承认的是，体育多媒体 CAI 课件具有的优点与优势是非常突出的，然而，有时候也会有相对的不足与局限存在。因此，在完成全部教学任务的过程中，不能对体育多媒体 CAI 课件过分依赖，还应该对高校体育教学目标、高校体育教学条件、高校体育教学资源与高校体育教学内容进行综合考虑，保证选择的最优化，并精心设计。更是要同其他教学媒体紧密联系在一起，组合应用，才能扬长避短，建构更加高效的教学系统。

3.体育多媒体 CAI 课件的设计原则

（1）体育多媒体 CAI 课件设计的结构化分析原则

在对体育多媒体 CAI 课件进行设计的过程中，应该遵循结构化分析原则。而我们这里所说的结构化分析原则，主要是指设计体育多媒体课件的时候应用系统分析的方法，按照结构要素组成对事物进行依次的分解，等到对于所有的要素都能够清楚地进行理解与表现的时候，就能够停止事物的分解了。基于结构化分析原则下的体育多媒体 CAI 课件，能够将高校体育教学的内容进行层次清楚的表达，纲举目张，不管是从系统宏观来讲，还是对于局部细节而言，所做的认识都是非常详尽的。因此，结构化分析原则对于体育多媒体 CAI 课件中框架的展开与学科内容的设计都能够起到一定的促进作用。

（2）体育多媒体 CAI 课件设计的模块化分析原则

所谓的体育多媒体 CAI 课件设计的模块化分析原则，主要是按照结构化分析的框架图指示，将相同或相近的部分设计成模块，使其相对独立，用模块图表示出单一功能模块的组成的结构，由此对课件系统及与之相应的功能结构进行确定，进而为结构化编程创造良好条件。

体育多媒体 CAI 课件的模块化设计不仅减轻了繁杂的内容编程的负担，还可保证课件的风格统一、制作程序化。

（3）体育多媒体 CAI 课件设计的个别化教学原则

在对高校体育教学内容进行选择与组织的时候，应该具有广泛的适应性，应该保证某一层次的所有学生都能够适用。同时，根据学生不同能力的差异，对相应的高校体育教学程序和对策进行设计。例如，学生能够对自己学习内容的深度和广度进行控制，并对自己的学习进度进行确定。

（4）体育多媒体 CAI 课件设计的反馈和激励原则

体育多媒体 CAI 课件应该对于每一个学生做出的反应都能够将与之相对应的信息不论时间、无论地点地进行反馈。在体育多媒体 CAI 课件中，要保证友好的交互界面，充分调动学生体育学习的积极性，使学生始终处在良好的学习状态中。同时，还要及时地、有效地强化高校体育教学的效果，使及时正向激励的作用得到有效的发挥。

（5）体育多媒体 CAI 课件设计的贯彻教学设计原则

对于体育多媒体 CAI 课件的设计而言，其理论与方法在将体育课堂教学呈现包含在内的同时，也包含体育多媒体 CAI 课件设计的方法与原则。在对高校体育教学的结构与内容进行设计的过程中，体育教师不能单纯地依靠传统的方法与经验对高校体育教学结构与内容进行设计，还要适当地使用系统的技术和方法，进而对高校体育教学目标的设计与分析，以及高校体育教学的诊断工作进行实施。

4.设计体育多媒体 CAI 课件的具体方法

体育教师在开始制作体育多媒体 CAI 课件之前，应该对课件设计工作的重要性进行明确。在体育课堂教学开展的过程中，教师仍然发挥着主导作用。只有将体育多媒体 CAI 课件的设计工作做好，才能够制作出更多优秀的课件。所以，在设计体育多媒体 CAI 课件的过程中，可以从以下几个方面进行考虑：

（1）从体育多媒体 CAI 课件的可教性考虑

对体育多媒体 CAI 课件进行制作的主要目的是使体育课堂教学的结构得到优化，使体育课堂教学的效率得到提升，在保证促进体育教师教的同时，还要促进学生的学。所以，在设计体育多媒体 CAI 课件之前，我们应当对其存在的教学价值进行优先考虑，也就是说，对于这堂课是不是有必要使用体育多媒体 CAI 进行考虑。通常来讲，如果仅仅使用传统的高校体育教学方式就能够使高校体育教学效果得以实现，那么花费大量的精力对体育多媒体 CAI 课件进行设计就没有必要。所以，在对体育多媒体 CAI 课件的内容进行制作以前，应该尽可能地对那些不存在演示实验，或者是演示实验不容易做的高校体育教学内容进行选择、应用。

（2）从体育多媒体 CAI 课件的易用性考虑

对于体育多媒体 CAI 课件而言，应该能够清楚地表达出高校体育教学的目标、高校体育教学的步骤与高校体育教学的具体操作方法。同时，有一点需要注意的是，即在同本机脱离的情况下，在其他的计算机环境中，体育多媒体 CAI 课件也应该能够运行成功，因此，需要注意以下几个方面具体的内容：

① 体育多媒体 CAI 课件应该便于安装，且能够随意拷贝到其他硬盘上使用

首先，体育多媒体 CAI 课件应该保证启动比较快速，避免体育教师和学生长时间等待的情况出现。其次，体育多媒体 CAI 课件应该尽可能占据较小的容量，需要注意的是，对于体育多媒体 CAI 课件越大越好的错误观念必须更正，伴随网络技术的日新月异，体育多媒体 CAI 课件的运行在网络环境下越来越顺畅。

② 体育多媒体 CAI 课件应该具备友好的操作界面

对于体育多媒体 CAI 课件而言，其操作界面应该包含一些具有明确意义的按钮和图片，同时还要能够通过鼠标进行操作，避免发生一些特殊的情况，例如，键盘操作复杂等。此外，应该合理设置体育多媒体 CAI 课件各个内容部分间的转移，保证方便地操作跳跃、向前与向后等步骤。

③ 体育多媒体 CAI 课件的运行要保证一定的稳定性

对于体育多媒体 CAI 课件而言，在其运行过程中应该保证一定稳定性，如果体育教师在执行体育多媒体 CAI 课件时做出了错误操作，那么就十分容易产生退出的情况，也会出现计算机重新启动的情况。因此，在体育多媒体 CAI 课件具体的操作过程中，体育教师应该尽可能地使死机的情况减少，甚至不出现，保证体育多媒体 CAI 课件运行过程的稳定。

④ 体育多媒体 CAI 课件要保证及时进行交互应答

在体育多媒体 CAI 课件运行过程中，应该保证及时地进行交互应答。而不能将体育多媒体 CAI 课件等同于电影。同时，体育教师应该高度重视学生的学，使学生学习的过程是循序渐进的，为学生留出更多的思考余地。

（3）从体育多媒体 CAI 课件的艺术性进行考虑

对于一个体育多媒体 CAI 课件而言，它的演示在保证良好高校体育教学效果的同时，还应该是令人愉悦的，只有这样才能够将美的享受提供给体育教师与学生。如果上述的两项因素都能够保证，那么就表示这样的体育多媒体 CAI 课件存在着较强的艺术性特征，完美地融合了优秀的内容和优美的形式，值得我们注意的是，想要实现这两个目标一点也不容易。想要实现这些目标，体育教师不仅应该具备一定的美术基础，还应具有一定的审美情趣。

四、基于 Web 的体育多媒体网络课件的教学设计

（一）体育多媒体网络课件设计特点

基于 Web 的体育多媒体网络课件的设计，主要对高校体育教学过程中学生的中心地位进行了强调。在主动获取知识的环境下，教师和学生的地位、作用和传统教学方式已发生了很大的变化，相应的教学设计理论与传统教学相比也出现了差异之处。因此，就须围绕以学生为中心、强调教师与学生充分交互这一原则对体育多媒体网络课件进行设计，保证软件能够体现网络教学特点。

1. 对于"以学生为中心"的思想进行强调

在体育多媒体网络学习的过程中，应该使学生自身的主体性作用得到有效的发展，将高校体育教学课内与课外相结合，体育锻炼活动自觉参与的精神得到展示。应该保证学生能够在自身练习反馈信息的支持下，形成高校体育教学理论与方法的独到见解。

2. 对于情境在获取知识中的重要性进行强调

对于高校体育教学信息的接受与传递不等同于对知识建构的问题进行强调。在体育课程构建的实际情境中，能够开展一系列的学习相关活动，能够促进现有认知结构中的一些相关经验能够被学习者有效地利用，使他们对于现阶段所学的体育课程教学的新知识可以更好地固化、索引，进而将某种特殊的意义赋予到新的高校体育教学知识中。因此，在对体育学习情境进行构造的过程中，必须强调知识点与知识点间的结构关系，注意不能只是简单地罗列高校体育教学内容。

3. 对于获取知识方面协作学习发挥的重要作用进行强调

在体育多媒体网络课件进行设计的过程中，对于学习者与周围环境之间存在的交互作用，还有网络环境能够强化协作学习环境的作用能够充分地、有效地发挥，这对于学习者充分理解高校体育教学内容有着非常重要的作用。

4. 对于学习环境的设计进行强调

我们这里所说的学习环境，通常指的是学习者能够自由地进行学习与探索的场所。在学习环境中，学生为了能够使自身的学习目标得到顺利实现，须充分地利用各种信息资源与工具。基于 Web 的体育多媒体网络课件的设计，在以学生为中心思想的指引下，并不是从高校体育教学环境进行设计，而是针对学习环境展开一系列的设计。这样做的缘由是，更多的控制与支配产生于教学过程中，而更多的主动与自由则是产生于学习过程中。

5. 对于学习过程中各种各样信息资源的有效利用进行强调

在体育多媒体网络学习开展的过程中，为了能够有效促进学习者对知识的主动获取与

探索，要将更多有效的各类信息资源提供给学习者，与此同时，学生自主学习活动与协作式探索的顺利开展得到促进，对于这些媒体与资源应该科学合理地利用。因此，在选择、设计同传统课件设计相关教学媒体的问题上，要应用全新的、有效的处理方式。例如，充分考虑到如何获得信息资源、获取信息资源的途径有哪些、怎样有效利用信息资源等多项问题。

（二）高校体育教学内容选择与组织

只有对高校体育教学内容精心选择和组织，才能够使 Web 优势得到充分利用。具体的做法主要包含以下几个方面的内容：

1.教学内容的多媒体化

在高校体育教学开展的过程中，不仅可以对文字和图片进行使用，还可以利用声音、动画和视频。如果高校体育教学内容具有多元化的形式，那么也要综合地设计高校体育教学内容的形式，综合利用文字形式、图片形式、声音形式、视频形式与动画形式等多种高校体育教学手段，翔实地解说体育运动技术动作的要点、方法、难点、练习方法、容易犯的错误、纠正错误的方法等多个方面的问题。

2.补充体育课程教学相关内容与链接

在体育课程教学开展的过程中，在教学的各个知识点中不仅能够将体育课程教学大纲要求的内容引入其中，还可以融入大量的相关信息与知识。例如，在《篮球》中，不仅仅包含体育课堂教学大纲中规定的一些技术教学内容与战术教学内容，同时，对于篮球运动的所有技战术进行了扩展，同时，还补充了篮球运动技战术实战应用的内容。在完成体育课程教学大纲要求内容的同时，使爱好篮球运动的学生，能对国内外先进的篮球运动技战术、教学与训练相关网络站点进行了解学习。此外，还能够对网络链接的特点进行利用。

3.高校体育教学内容动态更新

在体育课程网络教学开展的过程中，学生体育学习教材由体育教师负责编写的传统方式已经不再适用了。之所以这样，主要是因为在体育课程网络教学中，对于高校体育教学课件的相关内容，学习者可以自由地进行浏览，还能够通过网上教师答疑解惑与课程互动讨论等教学手段对高校体育教学内容进行讨论。同时，还可以将一定的修订意见进行提供，促进高校体育教学互动过程中教师与学生对教材进行共同编撰可行性的实现。

（三）体育多媒体网络课件的结构设计

在设计体育多媒体网络课件结构的时候，要考虑的因素有高校体育教学的目标、高校体育教学的内容、交互方式的性质。体育多媒体网络课件结构主要建立在高校体育教学内容的基础结构上面，它可以保证体育多媒体网络课件的相关教学功能与大致框架得到充分的反映。

对于体育多媒体网络课件而言，其总体结构主要由两部分内容构成，分别是高校体育教学的内容、网络交互。高校体育教学的组成内容，不仅包含体育课程教学大纲要求的全部内容，还包含一些扩充性的知识。在高校体育教学网络手段应用的前提下。大量同体育课程教学核心内容相关的补充性知识在体育课程教学内容中能够有机融合，进而促进高校体育教学资源的一个特定环境得到营造，对于那些存在不同兴趣、爱好的学生而言，能够保证他们的个性化学习活动得到适当的支持。在大量扩充性知识得到引入的情况下，极大地丰富了体育多媒体网络课件的内容。对于体育多媒体网络课件而言，其主要内容包含了体育理论课的教学内容与体育实践课的教学内容。

对于体育多媒体网络课件而言，其包含了多项内容，例如，相关课程的介绍、课程讲解的要点内容、教师答疑解惑、课程讨论、作业处理与课程公告，等等。其中，相关课程的介绍主要有对学习总体目标、考核办法、学习方法、学习进度与课时安排等的介绍；课程讲解的要点内容主要有每一个项目的教学任务、技术动作的要点、技术动作的难点、练习方法、容易犯的错误与纠正的方法，等等。

（四）撰写脚本与设计素材

多媒体手段的引入使得高校体育教学形式得到多元化的发展，在体育网络课件撰写中要对素材的撰写和设计进行考虑。我们这里所说的素材，主要包含文字、图形图片、声音、动画和视频，等等，对于这些不同类素材之间的连接关系也要进行考虑。

1. 文字脚本的撰写

通常对 Word 软件进行利用，来实现文字脚本的撰写，在内容的问题上，不仅仅要对高校体育教学的知识点进行考虑，还要利用文字清晰地表达出教师的讲解。另外还要在引入图形图片、动画及视频的文字处及超文本链接处做出标记，以便于后期的制作者使用，所以，在字数上，文字脚本是传统教材的 2 ~ 5 倍。

2. 声音脚本的撰写

在网络条件的制约下，如果在高校体育教学网络课件中对于大量的声音文件进行应用，很有可能会降低其最终的运行速度，所以，声音文件的使用只能在特别需要的地方才可以，例如，对动画的解说、对视频的解说，等等。在对这一种类别的声音脚本进行撰写的时候，首先要考虑的是目标动画与目标视频，按照动画的解说与视频的解说，对时间与内容开展配音。需要注意的是，应该保证配音脚本的精练化，同时，将动画与解说的过程、配音的过程紧密地联系在一起。

3. 关于图形图片的设计

我们常说的图片，就是指利用拍照技术而生成的图片。当体育教师向学生讲解高校体育教学内容的时候，可能要使用大量的图片。我们常说的图形，就是指利用计算机的相关软件而绘制出来的示意图，例如，篮球运动技战术配合的相关线路，等等。在对图片进行拍摄以前，体育教师应该针对每一个技术动作按照文字讲解的实际需要进一步设计照片拍摄的地点与数量。通过计算机相关软件绘制出的示意图，不仅要对相关的内容进行表现，还要对图形的种类进行确定，可以是二维图形的绘制，也可以是三维图形的绘制。从原则上讲，为了能够使基于 Web 的体育多媒体网络课件的制作成本适当降低，尽量使用二维图形进行绘制，而放弃对三维图形的使用。

4. 关于动画的设计

这里所说的动画，主要是指动态的图形或图片。在基于 Web 的体育多媒体网络课件中，动画的使用只是为了表达原理性的一些内容，例如，体育教师在讲解球类运动的战术配合问题的时候，就要应用到二维动画。在对相关动画进行设计的时候，首先要设计的就是最原始的静态图形，然后要通过文字与图示对初始动态图形的每一个变化过程进行说明，同时，还要以文字撰写的形式编写相应的解说文字。对于动画脚本而言，其主要构成有每一步动作的图形、说明性的文字与线条、图片中的文字提示、解说的文字等。一般来讲，一套规范的制作表必须要通过制作人员和脚本撰写人员一起进行商讨、确定，这对于撰写脚本与双方交流活动的开展能够起到一定的促进作用。

5. 关于视频的设计

在基于 Web 的体育多媒体网络课件设计过程中，视频的拍摄类似于图片的拍摄。通常来讲，视频的拍摄和图片的拍摄在步骤上是一致的。同时，如果拍摄过程中使用的是数字摄像机，那么图片拍摄与视频拍摄事实上就是处在同一个过程中。

6. 关于功能的设计

对于基于 Web 的体育多媒体网络课件而言，其功能的设计内容主要有：对于课件界面的层次选择、导航模式设计、按钮的选择、功能按钮的确定、课程内容展示方式的确定、类型不同素材的连接方法确定、课件内容文件结构的确立，等等。功能设计目的主要是最大限度地使用多媒体网络手段，以便于使特定内容对教学活动辅助作用的完成起到一定的促进作用。在基于 Web 的体育多媒体网络课件中，按照总体结构的相关要求，通常通过三级结构对界面进行设计，分别是主要界面（也就是网络课件的主页面）、选择内容的界面、讲解内容的界面。

在基于 Web 的体育多媒体网络课件的主要界面中，通常存在两组可以选择内容的按钮，分别是：高校体育教学内容组按钮、无网络交互组按钮。为了可以适当地减少页面切换的数量，从而提升基于 Web 的体育多媒体网络课件的运行速度。因此在选择内容的界面，在设置每一节内容选择按钮的同时，还要设置每一章节的切换按钮。针对某一个高校体育教学内容，综合利用各种各样形式的高校体育教学手段，可以采用的高校体育教学手段有：文字介绍、动画讲解、图像图片、录像片段等。不仅如此，基于 Web 的体育多媒体网络课件还可以设置其他超文本链接形式的按钮，例如链接到其他的网站。在基于 Web 的体育多媒体网络课件中，其界面存在的各式各样的按钮充分考虑了学生各种需求。此外，还可以科学合理地增加按钮的趣味性与动态效果。

基于 Web 的体育多媒体网络课件作用的主要表现是：使实践课中理论讲授时间紧且不系统的问题得到较好的解决，可在网上将体育课的教学内容完整、系统地进行讲授，供不同需求的学生在网上进行个性化学习；可以利用多媒体手段对体育运动技术动作要领进行形象、生动的讲解，保证统一的、规范的动作，可以便于学生重复多次的进行观摩与学习，从而保证基于 Web 的体育多媒体网络课件对于课外体育锻炼能够起到很好地辅助作用；对于网络上能够提供的条件应该充分地利用，对于相关的问题，体育教师应该指导学生进行谈论，并且为其答疑解惑；等等。

基于 Web 的体育多媒体网络课件，其应用与发展在对高校体育教学手段与高校体育教学方法进行改革与创新的同时，还会在一定程度上影响到体育教育理论的发展与高校体育教学模式的发展。在未来，多媒体课件中的一种重要形式就是基于 Web 的体育多媒体网络课件，同时它也将成为网络教学发展的重要资源基础之一。

第二节　高校体育教学中微课的应用

一、微课

（一）微课概念

所谓的微课，主要是指以视频的方式把教师在课堂内外教学活动开展过程中传授的教学环节或者强调的主要知识难点与重点进行展示的一种新型的教学资源。微课具有一些比较显著的特点：① 碎片化；② 突出重点；③ 交互性比较强；④ 能够反复使用。微课作为一种全新的教学模式，能够使学生的碎片化学习活动随时随地地展开。

（二）微课的组成

对于微课而言，其组成内容的核心就是示例片段，也就是课堂教学视频。不仅如此，也有同某个教学主题相对应的辅助性教学资源，例如，素材课件、教学设计、练习测试、教师点评、教学反思和学生反馈，等等。在一定的呈现方式和组织关系下，它们共同营造了资源单元应用的"小环境"，而这里所说的资源单元具有的显著特征是主题式的半结构化单元资源，因此，微课同传统单一资源类型的教学资源之间是有一定的差异存在的，主要表现在教学设计、教学课例、教学课件与教学反思等方面。同时，微课与上述的这些教学资源之间存在一定的联系，即微课作为一种新型的教学资源，其发展基础就是上述的这些教学资源。

二、微课在高校体育教学中的应用

（一）微课应用在学生体育需求调研中

鉴于高校体育教学传统模式中同高校体育教学内容间存在的关联，在高校体育教学实践活动正式开始前，体育教师应该按照课程逻辑将高校体育教学内容中的难点与重点提取出来，同时，还应该同现阶段体育栏目与体育热点新闻相结合，对体育微课进行制作。之后再将已经制作完毕的体育微课利用移动互联网的各种渠道实施学校范围内的广泛传播，通过对微课中学生的点击率与同帖评论内容的考查，体育教师能够有效地评定体育课程内容的合理性，保证体育教师更加深入地了解到学生兴趣与期待。此外，在前期对体育微课进行传播，能够有效地使学生体育学习的积极性得到调动，使学生更加期待即将学习的新内容，使学生的被动学习行为转变为主动学习行为，进而提升学生的体育参与度。

（二）微课应用在体育课程设计中

对于体育微课而言，它不仅补充了传统的高校体育教学模式，还是多媒体时代下高校体育教学发展的必然结果。微课的出现，使得原本的体育课程设计得到了重新的定义，因此，就需要保证体育课程有理有据、有血有肉。在高校体育教学开展的后期阶段，将以往室内体育理论课与室外实践课分开开展的体育课程设计进行改变，将两者进行融合。同时，对于多媒体时代大数据的时代特征进行考虑，在设计室内理论课的时候，可以以教师和学生的信息数据交流为主，使他们的头脑风暴在体育课程中得到掀起，呈现出更加公平、更加自由的体育课程。在这样的形式下，体育教师的教学思维能够得到更进一步的更新，使学生体育学习的热情得到提升。

（三）微课应用在体育课程教学中

一方面，基于体育时事热点与体育课程的新内容等方面，体育教师能够对新颖的体育新课进行设计，并向微课导入，在体育课堂教学开展的过程中，组织学生集体观看，主要的目的在于吸引学生的注意力，激发他们的体育学习兴趣；另一方面，在高校体育教学实践活动开展的过程中，体育教师可以将复杂动作的教学制作成微课，在体育课堂教学过程中，重复地向学生播放，将更加具体、更加直观、更加生动、更加形象的高校体育教学过程呈现出来。

（四）微课应用在体育课后辅导中

对于高校体育教学而言，每一节体育课堂教学的时间是 45 分钟，有限的教学时间，使教师能够面面俱到地讲授内容，实现精细化教学几乎是不可能的，一部分学生不能与教学节奏同步或者是学生不能对其所学运动技能充分掌握的情况必定会出现。所以，当体育课堂教学结束以后，教师可以将包含有高校体育教学重点的微课视频向学生发放，以便于学生能够在课堂结束以后，对于已经学习的技术动作进行练习，对课堂上所学内容进行复习，切实保证温故知新，提升学生的学习效果。

（五）微课应用在体育课程分享中

从本质上来讲，分享就是学习，学生喜欢在朋友圈中分享一些好的视频课程，对身边的朋友、学生进行感染，使学生的学习圈子得到扩大。因此，我们应该构建一种倡导分享精神的学习共同体，这样能够保证学习共同体成员间能够互相督促，对有用的体育学习信息进行分享。例如，将微课应用在体育舞蹈教学过程中，在校园内学生可以对已经学习到的且比较感兴趣的体育舞蹈课进行分享，使越来越多热爱体育舞蹈的学生能够及时地对学习资源进行获取、分享。同时，学生还可以自发组织校园内其他兴趣一致的学生，大家一起对体育舞蹈微课进行学习，保证体育舞蹈社团的更进一步发展得到促进，通过对社团活动的有效组织，例如"快闪"等，使学生的课堂学习以外的生活得到丰富。

第三节　高校体育教学中慕课的应用

一、慕课的概念

（一）授课形式

慕课不是授课，而是一种将在世界各地分布的学习者与授课者通过某一个共同的主体或者话题而联系在一起的方式方法。

几乎所有慕课的授课形式都是每一周话题研讨的方式，并且只会将一种大体的时间表提供给授课者与学习者。但是一般来讲，慕课课程都不会对学习者存在特殊的要求，一般会进行说明的内容比较简单，例如，阅读建议、每一周进行一次的问题研讨，等等。

（二）主要特点

1. 规模比较大

所谓的规模比较大，指的是网络开放的大规模课程，而不是以个人名义对一两门课程进行发布。我们这里所说的网络开放的大规模，通常是指那些参与者发布出来的课程，这些课程一般会被人们称作是大规模的课程或者是大型的课程，慕课的典型形式就是这些课程。

2. 开放的课程

所谓的开放的课程，一般严格遵守创用（CC）协议，可以说，开放的课程，就能够被称为慕课。

3. 网络课程

网络课程的相关材料通常在互联网上发布，而不是面对面的课程。此种课程的显著特征就是没有上课地点的特殊要求。例如，如果你想学习美国大学的一流课程，那么不管你处在什么地方，不需要花费太多的金钱，只要有网络与电脑就能够实现。

二、慕课在高校体育教学中的应用

（一）高校体育教学中慕课的应用价值分析

自慕课引入我国以来，已经过了很长的一段时间，同时对于此种新式的教学方法许多的学校都开始进行尝试，然而，慕课在高校体育教学方面的应用非常少。实际上，慕课的教学方式在高校体育教学方面也是非常适用的。

随着社会网络的日渐发达，人们每一天都会上网，不管是对网页进行浏览，还是刷微博，我们都必须承认的是网络在现代人们生活中承担的责任越来越重要。而对于慕课而言，就是对于此种现状进行利用，在学习开展的过程中充分利用网络条件。

除此之外，作为一种学习方式，慕课还具备一定的主动性特征，任何人的监督与强迫都不会对其发生作用，使用者可以按照自己的个人兴趣爱好选择、学习自己喜欢的课程。同时，慕课所拥有的资源范围是非常广泛的，在高校体育教学开展过程中对慕课进行应用，教师和学生还可以实现对国外高校体育教学资源的分享与使用。

现阶段，学校体育课的开展形式主要是体育教师授课，学生学习，即高校体育教学课堂教学中，教师首先进行讲解、示范，之后学生再进行练习。然而，我国大多数中小学、高中一节体育课的开展时间一般是 45 分钟，在体育课的准备活动做完以后，由体育教师进行体育技术动作的讲解与示范，但是，一堂体育课的时间已经耗费很多，学生的练习活动无法在剩下的时间展开。然而，对于这个问题，慕课就能够很好地解决。

当体育课堂教学结束以后，学生在课后就能够自行复习。在体育微课视频中包含真人操作与讲解，能够帮助学生对于体育课堂学习的动作进行复习与记忆。尽管高校体育教学时间长达一个半小时左右，学生能够拥有足够的时间去学习、练习体育运动技术，但是，他们只能对每门体育课修习一次，由于基本上每一个学期所要学习的内容都是相同的，但是学生会存在差异，不利于一部分学生深入学习、练习的开展。

在高校体育教学中应用慕课的教学方式，不仅能够保证学生深入学习活动的开展，还有利于学生自己掌握学习进度。同时，由于慕课中存在的学习资源是非常丰富的，有利于学生寻找到适宜自己的运动方式。例如，对于一部分学生而言，可能剧烈的运动不适合他们，所以，他们能够在慕课中寻找比较适合自己的运动，如此一来，不仅能够避免损伤身体的情况发生，还能够使体育锻炼的目的顺利实现。

实际上，如今许多家长也比较重视学生的体育锻炼问题，为了保证孩子的健康成长，家长总是喜欢带着孩子从事散步、晨练等体育活动。然而，这些体育活动的效果能够真正实现吗？大多数的时候，人们通常会认为，只要自己去参加体育锻炼了，那么就会有益于自己的健康，然而，需要注意的是，如果人们不能应用健康的方式开展体育锻炼的话，那么在浪费了体育锻炼时间的同时，还会在一定程度上造成身体伤害。如果在高校体育教学中应用慕课的方式，那么在体育运动锻炼的过程中，可以参考标准的动作，去完成体育锻炼，在这样的情况下，就像是一个专业的私人教练陪在自己身边，并对体育锻炼活动进行正确的指导。

（二）慕课应用在高校体育教学中的未来发展

慕课的教学方式来源于国外，在我国的大学才刚刚开始起步，而且有一些内容对于我国大学而言是不适用的，必须进行一定时间的磨合才能够同我国的教学理念相适应。

基于这样的形式，我国大部分大学应该按照自己学校的特点自行录制慕课视频。同时，在录制慕课视频的时候，可以是多个学校的教师共同参与录制、讨论，然后在对多个优秀的视频进行选择，并且上传到网上，方便学生们进行观看、下载、学习。由于不同的教师在讲课的风格与方式上也会存在不同，而教师们录制的慕课中包含多个教师的教学课程，那么学生就能够对最适合自己的教师进行选择。此外，学生选择最适合的教师对于大课参与人数多的情况能够进行避免，还能够有效改善学生听课效果不佳的情况。将慕课应用在高校体育教学中，能够使小班教学的目的得以实现。同时，同一学科由多个教师进行录制，能够使比较与竞争更加容易形成，能够帮助教师对于自己的教学缺点更加仔细的观察，使高校体育教学质量得到提高。因为慕课在高校体育教学中的应用主要以网上教学为主，所谓的监督制度是不存在的，因此，要求学生的自主学习能力是比较强的。在高校体育教学考核的问题上，计算机考核的方式可以不再使用，体育教师组织学生开展网络学习以后，再安排传统方式的考试即可。只有这样才能够使学生通过计算机检测进行作弊的情况得到有效避免。此外，还能够对于学生通过慕课进行学习的效果得到检测。需要注意的，对于慕课教学的认识，教师与学生应该摆正。

对于慕课教学而言，并没有对教师完全地解放，例如，在高校体育教学开展的过程中，通过慕课教程开展教学的方式是可取的，然而，如果学生出现一些疑问，也只能是对同一个视频进行观看。因此，教师与学生之间应该定期交流，如此一来，不仅能够增进教师和学生之间的感情，还能够对学生的学习产生一定的帮助。尽管我国对于慕课的应用还处于刚刚开始的阶段，然而，在现代网络发展的背景下，慕课的发展是一种必然趋势。将慕课应用在高校体育教学中，能够给教师未来教学的开展带来一定的启示，需要注意的是，在使用慕课方式开展高校体育教学的时候，还应该同国内的高校体育教学情况相结合。

此外，针对制作慕课的情况，还要设定一定的标准，如果慕课没有达到标准，那么就不能够被使用，这对于慕课的进步与发展是非常重要的。

第四节　高校体育教学中翻转课堂的应用

一、翻转课堂的概念

（一）含义

所谓的翻转课堂，通常是指重新调整教学课堂内外的时间，从本质上来讲，就是学习的决定权不再属于教师，而是由学生掌握学习的主动权。在翻转课堂教学模式的应用过程中，学生能够在课堂中有限的时间内更专注地开展学习活动，对于全球化的挑战、本地化的挑战、现实世界中存在的问题，教师与学生一起研究、解决，使获得理解的层次更加深入。

（二）主要特点

1. 教学视频短小精悍

不管是亚伦·萨姆斯还是乔纳森·伯尔曼，很明显存在一个显著的共同点，即教学视频短小精悍。[①]

即便是较长一点的视频也只有十几分钟的时间，而大部分的视频通常只有几分钟的时间。同时，每一个视频的针对性都是比较强的，如果能够对某一个特定问题进行针对，那么也就会比较方便进行查找；应该尽量在学生注意力比较集中的时间范围内控制视频的时间长度，同学生的身心发展特征相适应；在网络上发布的视频回放功能、暂停功能等，能够自己进行控制，使学生的自主学习能够得以顺利实现。

2. 教学信息明确清晰

在萨尔曼·汗的教学视频中存在一个比较明显的特征，即唯一能够在视频中看到的就是他的手将一些数学的符号不断地进行书写，并且将整个屏幕慢慢地填满，同时，在书写的同时，还有画外音的配合。[②] 在这样的方式中，同教师站在讲台上讲课是不一样的，这样的方式就像将我们聚集在同一张桌子前面一起学习，在一张纸上写下内容使人感觉贴心。这也是同传统的教学录像相比，翻转课堂教学视频的不同之处。如果在视频中出现了教室中的各种摆设物品，或者是教师的头像，那么就非常容易分散学生的注意力，特别是当学生处于自主学习状态的时候。

---

① 李明环，李吉波."翻转课堂"要抓住"服务学生"的关键点 [J]. 辽宁教育，2015(10)：3.

② 金陵. 萨尔曼·汗怎样走向"翻转课堂" [J]. 中国信息技术教育，2012(10)：1.

3.重新建构学习流程

学生的学习过程一般会有两个组成阶段：①第一阶段，传递信息。其实现需要教师与学生之间的互动、学生与学生之间的互动；②第二阶段，内化吸收。需要学生在课堂教学结束以后自己完成。在学生自己完成的过程中，因为缺少教师的支持与同学的帮助，因此，学生在内化吸收的阶段经常会出现挫败感，使他们丧失学习的动机与成就感。

翻转课堂的教学模式使学生的学习过程得到重新建构。第一阶段的传递信息，是在课堂教学开始之前由学生完成的，而教师在提供视频的同时，也提供在线辅导；此外，第二阶段的内外吸收，是在课堂教学开展的过程中，由互动而实现的，对于学生存在的学习困惑与困难，教师应该提前进行了解，同时在课堂教学开展过程中对学生进行有效的指导，而学生与学生之间的互相交流活动，对于学生内化吸收知识的整个过程，还能够起到一定的促进作用。

4.复习检测快捷方便

当学生观看完教学视频以后，就会看到视频结尾处出现的几个小问题，通常是四个或五个，能够帮助学生及时检验自己教学内容的学习情况，同时，根据自身的学习情况做出合适的判断。如果对于这几个问题，学生的答案不是很理想，那么学生就应该回放一遍教学视频，对于出现问题的原因仔细思考。同时，通过云平台，将学生回答问题的实际情况及时地进行汇总、分析、处理，使教师对学生学习情况的了解更加客观、全面。教学视频的另一个明显优势，就是能够在经过一段时间的学习以后，方便学生对学习到的知识进行复习与巩固。伴随评价技术的不断发展，使得学生学习的相关环节具有足够的实证性资料支撑，这对于教师在真正意义上了解学生是非常有帮助的。

二、体育翻转课堂的实施策略

（一）做好在线虚拟教学平台的建设

在线虚拟教学平台搭建的主要目的在于为翻转课堂的实施创造前提和基础，这一平台主要包括教学内容上传模块、师生交流与答疑模块、在线测试与评价模块、学习跟踪与监控模块以及学习总结与成果展示模块等。体育教师通过这一平台，就可以将与高校体育教学相关的微视频、PPT、各种音频等教学材料向在线虚拟教学平台上传，还可以借助这一平台实现作业发布、在线测验、监控督促、在线交流、在线评价等；学生则可以通过这一平台进行学习材料下载或在线学习，并同体育教师之间实现及时的交流与沟通。

（二）注重评价机制的创新

翻转课堂教学模式下的高校体育教学评价不能限于传统的纸笔测验，评价内容、评价主体、评价标准和评价方法等都应区别于传统教学，否则，翻转课堂的实施就会流于形式。

翻转课堂模式下的高校体育教学评价应该把"以评促学""以评促教"作为评价的主要目的，将学生的进步程度作为评价的主要指标，并注重多元化评价的采用，只有这样，评价才能既有针对性又不失全面性。多元化评价主要表现在评价主体、评价内容、评价方法、评价阶段等方面，紧紧围绕促进学生的学和促进教师的教两个方面，最终将提高教学实效作为评价的主旨。

（三）注重提高体育教师的综合素养

无论何种教育教学改革，教师始终是改革成败的核心与关键。作为信息化社会的产物，翻转课堂不仅一种先进的教学理念，还是一种先进的教学方法，它对体育教师的综合素养提出了较高的要求。体育教师既是在线虚拟教学平台的搭建者、设计者和使用者，又是教学视频等学习资源的开发者和上传者；既是学生学习与实践的组织者、引导者，又是学生学习成果评价的设计者和评价者；既是学生在线学习情况的监控者和督促者，又是教学设计的完善者。

三、翻转课堂在高校体育教学中的应用

（一）高校体育教学中实施翻转课堂的价值探析

1. 翻转课堂使高校体育教学与信息技术的有机结合得到实现

在信息化社会的今天，学生的生活方式和学习方式发生了深刻的变化，借助手机、电脑等信息化平台进行学习和交流已经成为日常习惯，为适应学生在行为和习惯上的变化，教学信息化在所难免。

翻转课堂作为信息化社会的产物，它使教学与信息技术之间有机结合，高度迎合了学生的日常习惯，改变了传统课堂呆板的模式和形象，使学生的学习变得更加自然和有趣。体育教师通过上传视频、三维动画、PPT等丰富而直观的教学材料，设置系统有序的学习导航，加上教师对学生客观而有趣的在线评价和在线交流，一个有益于学生身心发展的教学环境被创建出来。这不仅有效增进了师生之间的情感，更提高了学生的学习情趣和自主性，也为体育教师有效组织课中的教学活动奠定了基础，这对提高高校体育教学的实效性是非常有利的。

2. 翻转课堂有助于实现高校体育教学的精讲多练

学生课中学习和练习的时间总量是一定的，新知识、新技能的学习耗时过多，学生从事体育练习的时间势必减少，体育课的健身性以及学生对知识、技能的掌握和内化就会大打折扣，因此，精讲多练符合体育课堂教学的要求。在翻转课堂模式下，课前，学生通过观看教学视频，对高校体育教学内容有了初步的认知，对体育学习中的难点深有感受，在遇到无法解决的问题时，学生通过在线交流平台及时反映给体育教师，这样教师就会对学

生的课前学习情况有所把握；课中，体育教师依据学生所反映的问题进行针对性极强的讲解或个别指导，无须每个问题都进行讲解，这样就省去了很多讲解的时间，学生在课中进行体育实践的时间就被延长，精讲多练的目的自然达到。

3. 翻转课堂使高校体育教学要素的优化组合得到实现

从高校体育教学要素的层面上来讲，翻转课堂同传统的高校体育教学模式之间存在的区别并不是很明显。对于翻转课堂而言，它主要是利用科学、合理地重构高校体育教学要素来使高校体育教学的效能实现增值的。我们之所以将翻转课堂判定为一种革命性的高校体育教学方式创新，主要是由于此种教学模式在对高校体育教学要素的各种功能进行准确定位的情况下，体育教师与学生的主体性地位得到了转换，使体育课程的资源得到拓展，促进了高校体育教学目的、高校体育教学方法手段与反馈机制的合理调整，对学生体育学习的良好环境进行创设，进而从质的层面改变高校体育教学的形态与结果。同时，需要注意的是，翻转讲堂在组合高校体育教学要素的问题上并不是固定不变的，而是动态的，不是呆板的，而是灵活的。在高校体育教学的实践活动中，按照实际需要，体育教师对于各教学要素间的组合关系可以随时进行调整以保证特定高校体育教学目的的实现。只有对于这一点有充分认识，才能够保证我们将翻转课堂作为固定范式进行看待，进而使高校体育教学中应用翻转课堂教学方法流于形式的情况得到避免。

4. 翻转课堂能够促进高校体育教学中素质教育的实施

素质教育的主要目的是对于受教育者的综合素质进行全面提高，而值得注意的是，综合素质的提升离不开人的全面发展，同时，对于学生个性的培养，我们也不能忽略。个性的完善，不仅仅是素质教育开展的价值理念，还是素质教育的目标理念，培养个性、促进人的全面发展是素质教育的真谛。

在翻转课堂教学模式应用的过程中，学生的学习目标是统一的，同时，按照学生的具体实际，体育教师可以对学生的个体目标进行制定。通过对在线高校体育教学视频的观看，可以保证学生自主学习的实现，按照学生的学习能力来确定高校体育教学视频的观看次数，按照学生的学习基础来由学生自主选择观看的内容；从反馈问题的层面上来讲，通过在线交流平台，学生能够将学习中的问题随时向教师反映，同时，获得教师的及时教导；从学习评价的层面上来讲，体育教师对于学生进行评价的根据是学生的进步程度，同时将小组评价和个人评价融入最终评价结果之中，这种评价模式有助于让学生明确在学习过程中的优点和不足，并时刻感受到自己在不断提高。可见，翻转课堂这种个性化的教学模式对于学生端正学习态度、激发学习兴趣、提高沟通能力、培养正确的价值观以及促进学生的全面发展都是有益的。

（二）将翻转课堂教学方法引入高校体育教学的全新高校体育教学模式

我们常说的高校体育教学模式主要是指在一定的高校体育教学理念、高校体育教学思想的引导与高校体育教学理论的指导下建立的各种各样高校体育教学活动的基本框架或者基本结构。一般来讲，高校体育教学模式主要包含多种要素，即高校体育教学理论依据、高校体育教学原则、高校体育教学程序与学习程序、教学资源与实现条件，以及高校体育教学效果评价，等等。将翻转课堂教学方法引入高校体育教学的全新高校体育教学模式具体包含以下几个方面的内容。

1. 高校体育教学的理论依据

高校体育教学中应用翻转课堂的教学模式主要的思想基础是"先学后教"思想，对于高校体育教学活动中学生的教学参与与学生的主体性进行强调。从高校体育教学的特征与行为心理学原理出发，特别是对斯金纳操作性条件反射的训练心理学进行考虑，对高校体育教学的程序进行确定，具体是利用视频学习—对于联系吸收理解—再通过视频回顾—互动反馈—强化实践—学习、掌握，并且在这样循环、反复的高校体育教学过程中，对于行为目标进行有效塑造；同时，按照学习的过程与教学的实际效果、学习主体对体育"教"与"学"的活动过程进行不断的完善与创新，促进预期高校体育教学目标与学习目标的实现。

2. 高校体育教学的目标与原则

对于大学阶段的高校体育教学目标而言，主要是为了对高校体育教学目标即体育锻炼的思想、体育能力与体育习惯，进行巩固与提高，对于学生科学、积极、主动参与体育锻炼的行为进行引导与教育，对于现代体育科学中的基础知识、基本技术和技能、方法进行掌握，使学生体育锻炼的参与意识得到强化，使其体育文化素养得到提高。

为了保证高校体育教学目标顺利实现，对于将翻转课堂教学方法引入高校体育教学的全新高校体育教学模式而言，教学原则是体育教师应该遵照学生的认知水平与心理发展特征，加工整理高校体育教学内容，高校体育教学设计、制作应通俗易懂，同时还能够紧密地联系到自身已经掌握的认知结构，同时，对于优质的、适宜的高校体育教学视频进行选择；对于一个宽松的、民主的、轻松的交互式学习社区或网络教学平台进行构建，对于学习反馈信息及时地掌握，并能够有效地发现问题、解决问题；在对总体学习情况进行把握的条件下，对于个体学习发展的过程给予重视，将高校体育教学过程中学生的主体性作用充分发挥出来，尽可能地使学生自己发展，对存在的问题自己进行分析与解决，同时对于自我认识、能力与技能进行深化、拓展。

3. 高校体育教学程序与学习程序

将翻转课堂教学方法引入高校体育教学的全新高校体育教学模式，其主要基础是优质的交互学习社区与视频资源，因此，可以将高校体育教学程序与学习程序进行如下的设计：对于高校体育教学内容进行预习→对于高校体育教学视频有针对性地进行观看，再进行示范、讲解→使学生学习动机得到激发，对学习过程中的问题进行发现→在课堂教学中由教师对新课进行讲授，对于学生的疑惑进行解答，并进行示范→由学生自主进行练习与实践，对体育学习效果进行巩固→对体育学习效果进行反馈，由教师、学生进行评价→通过资源拓展完善、知识和技能结构的扩展，以及反复练习实践对理解与训练效果进行加强。

4.高校体育教学的实现条件和教学资源

近些年来，慕课教学平台的快速发展与互联网的广泛普及，创造了良好的条件以便于翻转课堂高校体育教学模式的实施。然而，对于现代高校体育教学来讲，我国的高校体育教学相关视频与学习资料还是相对较少的，所以，我国的体育教师应该从体育课程与教学内容出发，自行制作与设计高校体育教学资源。对于高校体育教学内容而言，主要有理论教学内容与动作讲解、演示的视频，保证体育练习活动的理解性与课余训练活动的实践性。既要有动作示范的要领分析，又要有训练实践的摄像记录视频，此外，还要有拓展性的教学资源和学习资源，以及专题性的研讨问题等。不仅如此，体育教师在组织学生观看教学视频、开展练习活动和训练活动的同时，还要保证在交互社区能够对于学生的疑惑及时地进行解答、讨论与指导。

5.高校体育教学效果与评价

将翻转课堂教学方法引入高校体育教学的全新高校体育教学模式，能够使学生体育学习的兴趣得到激发，使学生自主发现、学习、探索、分析、解决问题的综合能力得到培养，同时促进学生技术和技能的提升，同时还能够有效促进学生自主学习能力、社会发展适应能力、互相合作能力的发展与培养。体育教师应该通过交流与活动对学生的学习情况与进度实时地进行了解，还要对反馈信息及时掌握，同时再从获得的情况出发，适当地进行引导，对于学生的学习积极性进行鼓励并充分调动，在高校体育教学与讲解活动开展的过程中，针对不同的学生因材施教。将翻转课堂应用在高校体育教学中的相关活动适宜于小班教学，在大班教学中一般很难实施。而对于学生的评价而言，需要注意的是，高校体育同其他文化课程是不同的，在对其学习好坏进行衡量的时候，不能单纯地将考试成绩作为标准。在学校高校体育教学中，应该始终坚持"健康第一"的指导思想，还要在体育考试的各个环节中渗透"健康"的标准，对于标准化的项目应该适当地减少技能考试。同时，还要有效改进高校体育教学的评价标准，尽可能地避免学生由于害怕考试而出现体育厌学心理与逆反心理。此外，应该积极引导学生加强对高校体育教学的相关认识，促进学生体育锻炼良好习惯的养成，并且要积极构建同高校体育教学目标相适应的人性化测试方法。

第四章　运动训练的发展与创新

第一节　运动训练发展的内涵与特征

运动训练是竞技体育的重要组成部分，是有计划地提高和保持运动员竞技能力的实践活动，这种实践活动的目的是通过运动竞赛，在与对手的较量中取得优异的成绩。纵观现代体育的发展过程，始终是人类不断向自身极限挑战的过程，每一个优异成绩的出现，无不是运动训练理论发展的结果。发展就其本身来说属于一种创造性的活动，是在特定的领域体系内并在一定的物质技术基础上所进行的发明或改进。运动训练理论的发展则是指代现在运动训练理论和技术实践的基础上，发展主体在运动训练理论领域中对发展客体进行发明或改造，并实现一定社会价值的创造性实践活动。

一、运动训练发展的内涵

运动训练理论的发展是竞技运动水平得以发展的重要动因。只有不断的理论发展，才有各个项目的技术水平的不断提高。

（一）发展是运动训练的本质要求

竞技体育是在最大限度地挖掘和发挥人在体力、心理、智力等方面的潜能的基础上，以提高运动技术水平和创造优异运动成绩为主要目的的一种运动活动过程。竞技体育的核心是不断提高运动员的竞技水平，创造优异运动成绩。运动训练是竞技体育实现其目的的实践活动之一，具有创造性探索和研究的性质，也就是说运动训练是一个不断探索创新和不断发展的过程。现代竞技运动水平的的快速提高、新纪录的不断涌现是与运动训练的创新发展分不开的。

（二）现代科技的进步促进运动训练的发展

科学技术的发展是现代运动训练理论发展的基础，可以说，没有科技的发展就没有现代运动训练的发展。现代科学技术的发展，特别是高科技、新材料在竞技体育中的广泛应用，给运动训练的发展带来了一场深刻的革命，大大提高了训练的效益和效率。

（三）运动训练理论的发展是运动竞赛的需要

运动竞赛是竞技体育最主要的特征，是竞技体育的核心。运动训练的成果必须通过竞赛来体现，只有通过竞赛才能实现竞技体育的目的，没有竞赛就不能称为竞技体育。体育竞赛永远不会只停留在一个水平上，而是不断地向前发展。激烈的竞争以及迅速提高的竞技水平，对比赛的参与者必将带来新的问题和新的要求。竞争的激烈性迫使技术、战术和体能的训练必须不断提高，才有可能赶超先进水平。

二、运动训练发展的主要特征

（一）运动训练理论项群层次的界定

一般和专项训练理论各有着自己的研究领域和适用范畴。但一般训练理论对各个专项的训练有着普遍的指导意义。随着运动训练实践的发展，这两个层次中间出现明显的断裂。由于一般训练理论不断细化的发展趋势和专项训练学受到视野的局限及训练中多种因素并存，运动训练理论逐步有了项群区分。高深的专项训练特点各异，只有借助项群的梯阶方可宏观立论。项群的划分主要是依据竞技能力的主导因素，这样就可以准确地把握项目的项群特点和制胜规律，以利于在艰苦的训练中方向性地加强各竞技能力的练习，这就是项群思想的重要价值。此外，项群理论也有助于重新确定训练手段的分类、归属。

（二）运动训练的专项化

现代运动训练的发展特别重视对决定各项目成绩的关键因素及项目特征的研究和探索，不断加深对专项规律和特点的认识，从而设计在动作结构、肌肉用力特点、动作幅度、角度和速度等方面均与专项技术动作相似或一致的练习手段。专项的训练和提高是项目运动训练区别于其他体育项目的典型特征。这一特征是由运动训练的最终目的所决定的。运动训练的最终目的是要创造前人所未达到的运动成绩，而运动成绩的发展证明，一个运动员要想在几个不同性质的比赛项目上同时达到世界水平是很困难的，甚至是不可能的。这不仅是因为运动员的运动生涯短暂，必须从开始就要集中精力进行某一专项训练方能有所成就，而且现代比赛规则的改变大都利于专项本身技术的发展，因而规则也促使训练内容更加突出专项。现代高水平训练的特点是围绕专项的需要设计训练内容，根据专项运动的规律有针对性地进行训练。

（三）运动训练负荷以强度为主的极限性

运动负荷由负荷量和负荷强度组成，训练中，通过增加负荷量和负荷强度，打破原来有机体的技能平衡，并使之达到新的平衡，以此周而复始的进行，逐步提高运动员的运动水平。长期的运动训练过程实质上是一个不断重复进行的刺激——反应——适应的过程，是一个身体结构与机能不断破坏与重建的循环过程，通过这个循环过程，运动能力不断增强。

（四）运动训练的系统科学性

1.大运动量训练的长期性、计划性和科学性

通过长期训练，能够产生训练适应。人体机能的适应性改造包括中枢神经系统的改造，都不是在短期内所能奏效的。训练对提高运动员竞技能力的影响，只有通过人体内部的适应性改造才能实现。由训练产生训练适应必须适合生物学规律，应使运动员在生物学方面发生有益的变化，使其成为运动员有机体良性的积累反应。由于长期训练过程中易受多种因素的影响，因此必须对训练过程加以科学的控制。而运动训练的系统性和计划性，就体现在依据科学知识和成功经验所制定的训练结合上，因此，它又是运动成绩系统发展的保证。

2.运动训练的个体针对性

运动员个体之间存在着差异，即包括先天性差异和后天性差异。而运动训练对个人来说是充分发挥长处、弥补不足、挖掘潜力的过程。在集体项目中，运动员由于位置和分工不同，也须据此和运动员的特点合理安排训练，所以说运动训练基本上是一个个人的训练过程。

（五）以赛代练，追求运动训练手段和内容的实效性

比赛是训练的杠杆，只有通过比赛，运动训练的成果才能得到社会的公认。比赛对运动员所处的状态有着特定的要求，在大多数情况下，运动员在比赛中都怀着强烈的取胜欲，以充沛的体力投入到预定的比赛中去。因此，比赛的安排对训练活动的组织有着重要的影响。此外，人们还常常将某些比赛作为特定的训练手段，发展重大比赛所需要的某些专门品质和能力，或通过准备性比赛及适应性比赛检查训练的效果，检测新的技术是否稳定、新的战术是否具有预期的威力。运动训练的最终目标是创造优异的成绩，而优异的成绩只有通过比赛才能获得。由于受多种因素的影响，在比赛中并不是所有运动员的水平都能得到体现，因此，通过不断参加比赛，以此提高临场比赛或者说是参赛能力也成为运动训练的一个重要组成部分。

（六）运动训练调控的必要性及应变性

现代信息科学中的控制论的发展，为科学的调控运动训练过程提供重要的理论依据。运动训练过程是一个有组织的社会性行为，因此，要对其进行有效的管理。其中，对运动训练的全过程实施科学的调控，制订科学的训练计划，是实施科学训练、取得理想训练效

果的重要环节。而在竞技比赛和运动训练中，由于经常会因受各种因素的影响而使训练和比赛过程产生意想不到的变化，原已确定的训练计划和对训练和比赛过程的设计都要给予相应的调节，实施必要的变更，以力求原定训练目标的实现。而在内外条件产生巨大变化、原定目标已不可能实现时，则应调节训练目标及各相应环节训练工作的要求。

（七）运动医务监督的超前性与运动营养结构的科学性

1. 运动医务监督的超前性

在运动训练的实践中，疲劳是客观存在的，运动损伤也是不可避免的。治疗、恢复过程固然必不可少，但预防更为重要。

任何训练目标的实现，无论其技战术训练安排的如何周密，如果没有科学、系统的医务监督与其配合，其目标的实现就可能受阻。通过各种恢复手段，来有效地对运动员机体的能力进行科学的诊断，合理制订训练计划、安排运动负荷，最大限度地发挥运动员机体的潜能以提高训练效益和专项技术水平。

2. 运动营养结构的科学性

现代运动训练越来越重视训练与营养措施的结合，以增进运动员机体的健康水平，促进疲劳后的恢复，提高训练的质量，预防某些运动疾病的发生；通过将营养学的理论知识具体应用于改善运动员膳食的实践中，采取"强制性"手段和提高自觉性、主动性措施相结合，使运动员的膳食习惯得到较大的改善，使运动员学会科学选择饮食，运动员碳水化合物摄入量增加，三大热能营养素的比例达到理想要求，运动员的膳食结构趋于合理化。

（八）现代科技支持的全面性及导向性

1. 竞技体育与运动训练有着广泛的多学科联系

决策科学、人文社会科学、医学、力学、化学、数学与计算机科学的广泛知识都对运动训练有着巨大的影响，各种不同的科技理论、科技思想、科技方法与仪器器材都能在竞技体育领域发挥各自的影响和作用。作为运动训练活动的直接任务，即运动员各种竞技能力（包括身体能力、技术能力、战术能力、心理能力和运动智能）的提高，都在很大程度上借力于现代科技的帮助与支持。

2. 在运动训练全过程的每一个环节，即运动员状态诊断、训练目标的建立、训练计划的制订、训练活动的实施、训练效果的检查评定、训练状况的反馈调控直至训练目标的最终实现，无一不广泛应用着现代科技的成果。

不仅对于运动训练的重要影响因素——运动负荷的组织实施与监控，而且对于负荷后的恢复过程；不仅对于课上的各种训练方法和训练手段，而且对于训练课外的多种合法的强力手段；不仅对于运动训练的过程自身，而且对于竞技活动的其他重要环节，即运动员选材、运动竞赛和竞技体育的管理，现代科技也都已广泛地参与其中，取得了巨大的成效，有力支持和引导着竞技体育的更快发展。

总之，现代运动训练作为一种非开放性的社会活动，区别于其他日常体育、休闲活动，具有其自身的发展内涵和特征。而上述这些也可能只是阶段性的产物，它们只是标志当前运动训练发展的趋势。

第二节　现代运动训练理论及实践

一、训练理论的研究从"周期理论"发展到"板块结构理论"

运动训练的传统周期论是20世纪60年代由苏联著名运动训练专家马特维耶夫创立的。其核心思想是以年度为时间单位，划分出准备期、比赛期和过渡期三个训练周期，并以训练量和训练强度、一般身体训练和专项训练在不同训练周期安排的不同比例为特点，即在准备期以训练量和一般身体训练为主，比赛期以训练强度和专项训练为主，从而构成了他的运动训练周期理论，这一理论表现出全年比赛安排呈单高峰的特征。该理论一直在我国训练领域占统治地位，深深地影响着我国几代教练员，同时也为我国培养了一大批优秀运动员。

随着竞技体育的不断发展，现代职业化比赛的数量急剧增加，而且比赛水平不断提高，传统的周期训练模式受到现代竞技比赛的挑战，在训练时间上明显跟不上竞赛时间表的节奏。在这种情况下，一些专家学者创立了"板块结构"训练理论学说，现在运动训练中的"板块结构理论"是以提高训练质量为出发点的一种训练理论，其理论依据建立在"一元论"基础上。"板块结构理论"遵循"一元论"的基本思想，认为身体素质训练和专项训练是密不可分的，身体素质训练要结合专项特点，具有明显的方向性，专项训练要有足够的强度保障，在训练中提高某个相关部位的素质。这种认识解决了身体素质训练与专项训练的矛盾，克服了传统训练周期理论以多种素质并行发展对运动成绩的不良影响。相对于传统周期理论在准备期内平行发展多种身体素质，"板块理论"集中3～4周有选择性地确定较少的需要达到的发展目标（不超过2个），使高水平运动员在相对集中的时间内，接受单一的或是2个比较大的训练刺激，3～4个这样的板块构成了单个训练阶段。同时在年训练周期中通过比较高的训练负荷完成训练目标的转换，完成基础训练和专项训练的准备，完成各项赛事的检验，以赛代练、以赛促练成为高水平运动员的重要训练方式，准备比赛时也安排主要的基础训练，这就是"板块结构理论"的理论依据和核心内容，其符合当前高水平职业化比赛的需要。

二、训练理论的研究从"超量恢复"发展到"生物适应理论"

20世纪70年代一位叫雅考卢的学者，伴随马特维耶夫的理论提出了"超量恢复"理论。

多年来这一理论学说为大运动量训练，训练的节奏、系统性等提供理论基础，也是传统周期理论的主要理论支柱。"超量恢复"，指的是"运动成绩的动态在时间方面迟于训练负荷量的动态，成绩的加快增长不是出现在负荷量达到极高值的时刻，而是在它稳定或降低之后"，或者说，人体机能能力和能量储备在恢复过程中，能源物质的补偿在一段时间内超过原有水平；在一定范围内，运动负荷越大，消耗越大，恢复过程也越长，恢复也就越明显，由此使运动员的能力得到持续的提高。后来，通过对大量训练实践的观察，不少专家学者对此理论提出质疑，认为该理论一个重要问题是没有指出人体能力的极限，而实际上受遗传等因素的影响，人体承受负荷是有限的，并且有显著个体差异；运动员机体的适应是人体本来就存在的，而不应将其简单归结为超量恢复。质疑挑战周期论和超量恢复理论的学者提出了生物适应论，生物适应理论是从生物学和系统论的角度观察运动训练而提出来的，其核心是"结构决定功能"，这一理念包括了以下几个方面的内容：

1. 运动训练是一个生物改造过程和生物适应过程。作为人，你给他什么样的刺激，他就会产生什么样的反应，反复刺激，可以使人在大脑中进行自我组织处理，最终适应这种刺激，这是"结构决定功能"的基本观点。

2. 所谓适应，就是生物体在改变了的环境（训练环境、训练手段、训练量和强度）中，通过自身调节机制使本身技能与外界环境重新实现平衡的过程。适应的机理，是机体对外部条件刺激所做出的反应。从运动实践来看，训练过程必须遵循辩证唯物论的三大运动规律（对立统一规律、质量互变规律、否定之否定规律），训练过程就是通过机体内不断发展的矛盾运动，打破原有的生理状态的内平衡，建立新的平衡，并通过量到质的不断转化，在否定之否定的过程中得到新的提高。在这一系列矛盾运动过程中，心血管系统、免疫系统、内分泌系统、氧转运系统、骨骼肌等系统的生理生化指标必然会发生一系列变化。但这种变化必须在一定限度之内，而且经过一定时间又恢复到正常值或接近正常值范围，也就是说，生理生化指标的正常则是相对的，正常只是机能恢复和赛前调整过程的一个重要环节。

3. 按周期论安排训练。运动员大多数时间接受的是中、低负荷强度的刺激，运动员只会对这样的刺激产生生物适应，而这种训练强度与比赛强度要求相差甚远。按照适应理论，可以紧密结合比赛要求，经常以大负荷或超大负荷进行训练，可以最大限度地刺激运动员的神经系统，机体从而逐步适应高强度的刺激，并产生适应，这样运动员在大赛中就可以表现出高的水平。

从以上三点可以看出，生物适应理论同我们在训练中一贯倡导的"三从一大"训练原则是完全一致的。

三、对传统的运动训练周期理论的反思

苏联的运动训练学者马特维耶夫在20世纪60年代初创立了超量恢复论和训练周期，

这深深地影响了我国运动训练理论和实践效果，尤其是在指导作用上面对体能类的运动项目极其重要。不过训练周期理论毕竟受很多因素的限制，比如说自然科学发展状况、年代、比赛制度等因素以及竞技体育发展水平等，有些解释不清现代运动训练和竞技体育的发展趋势。面对这么一个问题，有必要反思一下马特维耶夫训练周期理论。

（一）现代赛制的发展已经不能再套用传统的训练周期理论

主要的原因是对于比赛密度大、时间周期长、强度高的球类项目的联赛，绝对不能够机械地、简单地套用运动训练学教材上的单、双周期的安排。应该把传统的周期训练理论的基本思想以及本项目的特点和当年的赛制结合在一起，来进行年度的训练周期的安排。实际上，一支球队也会在一个赛季中随着队员个体状态的起伏而变化，不可能一直连胜，不论是洛杉矶湖人队还是芝加哥公牛队，纵然他们都是夺过 NBA 总冠军的，也不可能是全胜的，状态也会有起伏。当然他们能够最终获得整个赛季的冠军，这主要就是各个队的教练的训练技巧以及调控整个状态了。

所以应该注意各个阶段之间的相互衔接和内在联系，保持一定的训练周期性、系统性、节奏性的统一。在联赛的过程中，对年度周期的实施在保持相对的稳定性的前提下，可以根据具体情况调整以及改变，这样就能够做到稳定性和灵活性的统一。

（二）传统训练周期理论已不利于高水平运动员的训练

人们首先必须认识到，高水平的运动员和青少年后备力量的训练肯定是不一样的。因为随着年龄的慢慢增长和运动水平的提高，运动员的心理和生理状态都会发生巨大的变化。这种变化不仅体现在对训练的方法和手段的要求方面，还反映在运动员自身素质方面，这就构成了高水平运动员的训练特点。训练的实践证明，专项能力是高水平运动员，特别是世界顶尖级的运动员之间竞争的主要内容。现代运动训练的一个突出特点就是科学地选择对专项最具影响的素质或能力，来进行优先发展和专门训练。两个主要支撑点支撑着传统的训练周期理论。该理论认为，准备期主要是以一般的训练和负荷量为主，慢慢地随着比赛期的临近，负荷强度和专项训练也会逐渐增加，到比赛期达到并且一直保持相对比较高的水平。不过随着体育科研水平的提高以及竞技体育的发展，人们慢慢地发现这个理论不能覆盖整个训练的过程，主要忽视了不同训练水平运动员的生化基础、生理基础以及对训练方法和负荷的不尽相同的要求，没能够对不同水平和年龄条件的运动员进行区别对待，特别是不利于提高高水平运动员专项训练的水平。

四、改变传统的训练理论的方法

根据各个项目全年比赛的次数，将全年训练计分成几个训练、比赛的周期，根据本年度的训练任务以及全年重大的比赛次数和运动员个人的具体情况来确定训练、比赛周期时间的长短。每个训练、比赛周期的时间可以是两三个月。比如说，田径项目一年有 5 次国内外的重大比赛，分别在 3 月初、5 月底、6 月中、8 月初和 10 月底。准备参加这 5 次重大的比赛，就可以把全年的训练分为 5 个训练比赛周，从头年 11 月到来年 3 月初为第 1 周期，以后几个周期以此类推，每一个星期算一个训练的周期。除了把全年的训练计划分成几个不固定的比赛周期和训练，还应该把运动成绩逐步提高的指标以及全年的训练分配到各个训练和比赛周期之中。如果这样的话，全年的训练计划在各周期练习内容上也会有相应的变化，也就是把专项身体素质和专项运动技术、一般身体素质很好地结合在一起，或者是根据每一个运动员的训练状态在各个周期找一个侧重点。总而言之，想要让各种身体素质和专项运动成绩之间达到一个高度的协调，就要把优秀运动员的专项身体素质和一般身体素质的模式特征列入训练的计划内，这样可以很方便地为评价每个运动员提供参考的依据。

五、现代运动训练理论的发展

现代的运动训练把训练过程看作是机能性的运动系统。首先根据自身得项目特点来制订出发展速度、完善技术的、长期的训练大纲，并且在不同的中小训练周期中用来确定阶段训练负荷和重点发展目标。不过每一个运动项目都是在生物学理论下进行指导的。系统机能的发展以及提高主要以生物科学的理论为依据的，也就是运动员身体器官对训练负荷产生一定的适应性。我们用篮球作为例子来看现代的运动训练理论。运动训练的基本规律之一就是周期性地安排篮球运动训练过程。它的实质在于系统地重复各个完整的训练单元训练课、小周期、中周期和大周期，这样才能够让篮球运动训练水平波浪式地、阶段地发展以及螺旋形地上升。

随着时代的发展，运动训练是不断地往前发展的，而周期理论也应该不断地向前发展，从产生至今天，很多国家的学者都对它进行了补充以及修改，其中就包括马特维耶夫在内。最为显著的是在 20 世纪 90 年代前后提出的训练个体化的问题，也就是在周期训练过程中应该考虑到运动员的个体差异以及项目特点。所以对于运动训练周期理论不应该简单地进行否定，而是应该全面地判断这一理论的科学依据是否具有普遍性意义。

可以说传统的周期训练理论对于运动训练学产生的影响是巨大的，而且到现在对那些超长距离以及长时间耐力性项目和全能多项的运动仍然具有积极的意义。不过，随着社会的进步以及现代竞技体育的发展，商业化的比赛越来越多地进入竞技体育当中，比赛的强度越来越大，传统的周期训练理论已经不完全适应现代赛制的发展、不利于高水平运动员的训练了，而且也不能够代表和解释现代运动训练的发展趋势了。所以面对现代竞技体育的飞速发展，要能够充分利用经济和科学技术的高速发展带来的高科技，密切联系运动训练实践，探索更加适合新的赛制的现代训练理论，这样才能够更好地促进体育的发展与进步。

第三节　现代运动训练的发展趋势

现代训练学已进入一个以多学科综合化和整体化为基本特点的新阶段，科学化训练已成为现代训练的核心问题。运动训练实践活动以及由此引起的理论与知识，正发生着翻天覆地的变化，人们不再满足于最初仅仅依照师徒相传的经验训练，而是深刻的意识到，唯有将新思想、新观念、新理论、新科技成果、新方法与手段、新器材仪器运用到训练实践中来，才有可能培养成一个很好的运动员，使运动员的竞技水平更快提高，才可能在当代激烈的国际竞技运动竞争中立于不败之地，这是当今世界范围内方兴未艾的运动训练科学化的总体发展趋势。概括与把握当今运动训练科学化的发展趋势，对转换我们的训练观念、训练思路，找出我国运动训练实践中存在的问题，为达到育人和夺标的竞技体育思想将起到重要作用。

一、树立系统训练观

从现代科学技术的发展轨迹看来，其中一方面是已有学科不断分化，并且呈现越分越细的状态，新学科、新领域也不断产生，呈现出高度分化的特点；另一方面是不同领域、不同学科之间相互结合、交叉与融合，向综合性、整体化方向发展，呈现出高度综合的趋势。而系统科学在这种发展趋势中最具有的理论价值和指导意义是不可小觑的。

依据系统科学，把现代运动训练系统的体系结构分为四个层次：第一层次是系统工程与模型化训练，这是直接改造自然界的工程技术层次，是现代运动训练的新阶段——模型化训练阶段；第二层次有运筹学、控制论、信息论、系统理论等，是系统工程的直接理论，属技术科学层次；第三层次是系统科学理论，它是现代运动训练控制基本理论；最高一层次是系统训练观，这是系统的哲学和方法论的观点，是现代运动训练控制基本理论通向马克思主义哲学的桥梁和中介。

从实践论观点来看，任何社会实践，特别是复杂的社会实践，都有明确的目的性和组织性，社会实践要在理论指导下才有可能取得成功，这个理论就是现代科学技术体系和人类知识体系所提供的知识。处在这个体系最高端的是辩证唯物主义，所以社会实践首先应受辩证唯物主义的指导。但仅有哲学层次上的指导还不够，还需要有各个科学技术部门、不同科学部门的科学理论方法和应用技术，甚至前科学层次上的经验知识和感性知识的指导和帮助。如何把不同科学技术部门、不同层次的知识综合集成起来形成指导社会实践的理论方法和技术，以解决社会实践中的问题，这就有个方法论和方法问题。我们可以借鉴综合集成方法来处理这类问题。

把控制的思想与概念引入运动训练系统中，是一个重要学术思想。系统学不仅要揭示系统规律去认识系统，还要在认识系统的基础上去控制系统，以使系统具有我们期望的功能。

（一）最优化训练控制

最优化训练控制就是从实际出发，以所能达到的最高水平为目标，采取最符合客观实际的、最适宜的科学训练方法与手段，对训练全过程所实施的定时、定量、高效、低耗的训练控制过程。最优化训练控制原理是反映现代训练目标控制的训练控制理论，是以控制论为主要理论依据所确立的。运动训练控制的核心在于它是一个有目的、有方向、有计划的训练过程。一个完整的训练控制必须具有以下几个基本环节与条件：

1. 必须有施控的主体与被控制对象。施控的主体主要是教练员，也包括科技及管理人员等，被控制对象是运动员。但在运动员的自控系统中，运动员是施控系统，运动器械是被控对象。在训练中，既要发挥教练员和科技与管理人员的外控主导作用，又要发挥运动员自我控制的内控主体作用和他们对器械的外控作用。

2. 必须有控制信息与前身信息控制通路。施控者主要是沿着前身信息控制通路将控制信息传递给运动员的。

3. 必须有反馈信息与反馈信息控制通路。通过反馈获取反馈信息，再通过反馈装置对反馈信息加工处理，与原模型比对分析，找出存在的问题及产生问题的原因，修订原计划、方案，最后输入控制器中，并由控制者重新进行新的控制。

4. 必须使前身与反馈信息控制通路中传输的信息达到适宜的限度。

（二）整体化训练控制

整体化训练控制是依据训练系统的系统性和综合性特征，以及系统的功能放大原理，从训练系统的综合性调控和系统性调控两方面，对运动训练全过程实施的整体性训练控制过程。整体化训练控制包括纵横两个方面：一是反映横向联系的"综合化训练控制"；二是反映纵向联系的"系统化训练控制"。综合化训练控制是指将影响训练效果的各种因素综合在一起进行较为全面的设计、规划和调控。综合化训练控制已成为现代训练的一个显著特征；表现在由多种竞技能力训练内容组成的综合训练内容系统和提高竞技能力的综合训练等。在实施综合化训练控制中应注意把教练员、科研与管理人员的外控作用与运动员自身的自控紧密结合起来。现代运动训练中，越来越重视对运动员自控的训练。系统化训练控制是指运动训练的全过程是一个长期、系统和连贯的训练控制过程。训练系统的整体性效益很大程度上取决于各种训练因素在长期训练过程中的连贯性和系统性。这主要体现在各训练过程和训练阶段间衔接方式的系统性，各阶段开始时间与持续时间的连贯性，各训练阶段训练控制作用优选与连贯，训练组织与管理的连贯性，训练计划安排的连贯性等。

整体化训练一方面体现在系统化训练安排上；另一方面，体现在各训练阶段中各局部因素的综合调控和整体效益上，只有两方面综合考虑，才能保证训练控制功能最大效益的实现。

（三）信息化训练控制

信息化训练控制是以信息观为指导、以信息为基本条件，依据信息控制的基本规律，通过建立完善的信息系统，对运动训练全过程实施的训练控制过程。现代运动训练离不开信息，运动训练控制过程实则是信息控制过程，训练信息是实施最优化控制的必备条件。现代训练的信息控制特点包括：

1. 现代训练已成为一个智力密集和智力协作的教育与社会活动过程。多学科人才的加入，教练员与运动员人才高智力结构比例加大，已成为现代训练的一个明显特点。

2. 起决定作用的是知识信息，应该把主要的资金用于创造科学化训练条件、提高教练员智力水平和科学化训练水平上。

3. 运动员运动成绩的增长，主要靠的是知识与信息。现代训练从拼体力价值观，转向以信息价值观、智力价值观和科学价值观为主。现代运动训练与体育竞赛已成为各国科技水平的竞赛。

4. 教练员的权力与威信主要来自其自身的信息与知识水平。

5. 对未来的研究与设计越来越重视以信息研究为基础。

6. 小型化、多样化与分散化正成为现代训练管理的发展趋势。

（四）模型化训练控制

运动训练系统工程是指对复杂的整体训练系统实施最优化管理和调控的综合技术及科学方法，也是指运用精确化、最优化、数学化等科学方法来正确分析、规划、设计与管理运动训练系统的一项综合技术。它的主要任务是如何把训练控制的总目标分解为一些小目标；如何根据训练系统控制的总指标来确定各训练分系统的指标体系，即建立训练控制模型；如何协调训练系统各局部间的关系；如何根据总的工作任务和进程，设计好各局部工作环节的工作程序。训练模型是训练控制的依据，模型化训练控制在现代训练中体现在以下几方面：训练全过程的科学化与模型化；模型化训练控制就是指运用科学的方法建立各种科学的训练控制模型，并据此控制运动训练的全过程；训练过程反馈调控的模型化；训练过程程序调控的模型化；个体化训练控制的模型化；适应性训练控制的模型化。

二、运动训练的针对性与个性化、专项化与实战化、程序化

运动训练过程中有许多共性规律可循，由于运动训练的对象是人，世上没有完全相同的个体，有些个体甚至存在较大的差别。现代训练中，要针对每个运动员的竞技能力结构特点，确立适合于每个运动员个体特点的训练模式，实施个体化训练，如果再用群体模式

对每个个体进行训练已无法达到最佳训练效果。现代运动训练正在向个体化训练的方向发展，针对性与个体化已形成一个必须遵循的原则。根据这一趋势，现代训练十分强调对运动员个体竞技状态和运动状态的诊断、运动员个体训练模式的建立和针对某一个体训练模式进行有针对性的个体化训练。

高水平运动员具有如下特点：

1. 各器官系统功能及之间的协作已经达到相当高水平，竞技能力可塑空间下降，一般的训练手段与负荷已不能对机体产生作用。只有那些高度专项化、个体化的训练才能突破现已形成的竞技能力平衡，在更高层次上建立新的平衡。

2. 对专项能力的需求显著提高。

3. 对训练方法、负荷的要求提升。只有针对性强的训练手段和科学的负荷才能进一步提高专项运动成绩。

实践证明，保持和提高运动成绩的最好办法是不间断地进行该项目比赛时的最基本的练习模式。因为，在有类似的神经肌肉的募集方式的两种活动（高级神经支配肌肉完成动作与低级神经支配肌肉完成动作）之间可能有更好地训练效果被转移。对专项训练来说，一定要强调训练的重复性和训练量的增加，期间不能穿插其他性质不同的刺激。研究业已证明，对运动员机体起一般性和多方面作用的负荷要素转化为运动能力的时间较长；相反，对运动机体起专门作用的负荷要素能较快地转化成运动能力，即能较快地产生超量补偿的效果。从运动生理学的角度，对从事某一特定运动项目的运动员来说，身体素质的训练必须与专项运动的特点相结合，才能有效地提高专项成绩。运动员在专项运动中所需求的身体素质只能通过自身的专项训练获得，任何非专项活动形式的身体素质训练都属于专项身体素质训练的一种辅助练习手段。高水平运动员在进行身体素质练习时应减少辅助练习的种类和数量。

比赛本身（专项训练）是最系统、最完整、最理想的训练内容，专项训练和专项辅助训练是训练内容的核心，以赛代练、以赛促练，赛练结合，从实战出发，是当今运动训练的一个发展趋势。赛练结合，把比赛当作训练的一部分，突出训练的强度，突出专项训练是创造优异运动成绩的最根本原则，这已为现代高水平运动训练的理论与实践所证实，是训练理论中无可争议的结论。训练负荷的"面"的低缓和"点"的突出，就是我们可把比赛作为训练负荷的一个影响因素或者将其作为负荷本身，在其他条件不变的情况下，比赛数量的增多毫无疑问提升了整个训练过程的平均负荷强度。在当前情形下，许多竞技运动项目通常采用降低全年平均训练负荷强度的方法，防止平均负荷强度过高。将参加一部分比赛作为提高训练强度的重要手段，已成为许多世界级优秀运动员的选择，而平常训练强度的相应降低，使全年的训练强度变化的"落差"增大。这种强度"落差"可使运动员从那些片面强调的大强度训练而造成的长期疲劳中解脱出来，使机体在大部分时间里处于恢复与负荷的平衡状态，在很大程度上可避免或预防运动损伤与过度疲劳的产生。

训练实践表明，要想训练成功，既要不断探索培养优秀运动员的捷径，又必须在多年训练进程中，遵循各个阶段的训练特点。企图超越全过程的阶段特点，无异于揠苗助长，导致运动员早衰的出现。如在早期专项化阶段，过多地采用早期专门化的手段，且针对专门能力和专门技术方面进行大量的成人化的方式与方法训练，就会影响运动员竞技水平的正常发展。

三、现代高科技理论与技术对竞技体育整体渗透

从运动训练角度讲，科学技术对运动训练的作用体现在三方面：

①人们不再满足于仅把运动成绩作为衡量训练效果的唯一标准，而是将评价的标准更多地投向训练的效率，即计算投入与产出的比值。微观上加强训练过程的监控，提高训练的实效性与针对性，宏观上提高运动员成才率，缩短培养过程，延长运动寿命，即以最小的付出获得最大的效益。这样的训练自然需要科学的理论做指导。

②运动员的培养是个系统、复杂和长期的过程。该过程中，纵向上的选材阶段、基础训练阶段、专项训练和高水平训练阶段，受到横向上专项特点、人体生长发育特点、运动员个体差异以及场地和设备条件等因素的干扰。这一持续多年且结构复杂并受多种因素影响的训练过程，必须在多学科的科学理论指导下规划、调控。

③随着运动员竞技水平的提高，机体各器官、系统的功能及它们间的协作不仅达到了相当高的水平，而且也越趋向或接近生理的极限。进入最佳竞技阶段的运动员，竞技能力发展的可塑空间逐渐减少，对训练负荷与手段的要求明显增加，运动成绩增长与运动损伤间的矛盾日趋突出。此时，只有依靠先进的科学理论与技术，才能使运动员各方面的潜能得以充分挖掘和最优匹配，促使运动成绩进一步提高。

四、选择适宜的参赛次数

竞技体育的职业化与商业化，驱使比赛数量的大幅度增加。在此背景下，运动员想要参加所有的比赛且在每次比赛中均要求表现出最佳竞技状态和最好成绩，是不可能的。这就要求优秀运动员要对参加比赛的次数进行控制，参赛次数过多或过少都会对运动员产生不利影响。只有适宜的参赛次数，才能确保运动员在大赛中处于最佳竞技状态。

不同项群运动员年参赛次数不同。集体对抗性项群运动员年参赛次数最多，其次是隔网对抗性项群运动员；体能类项目中速度及力量性项群运动员年参赛次数较耐力性项群运动员多，难美性、准确性及格斗性项群运动员年参赛次数较少。

因此，在年度训练计划制订中，一定要将比赛安排作为训练计划的一部分去整体考虑，应将比赛按重要程度及性质的不同纳入训练计划的考虑中。只有整体考虑才能合理分期，有效调整，使运动员在重大比赛中形成和保持最佳竞技状态。

五、重视恢复

运动训练与恢复相伴而行。对于高水平运动员来说，除比拼训练水平外，很大程度上

也在较量体力的恢复能力，日常训练中只考虑刺激而忽略恢复绝不可能取得高质量的训练成效，这一点已经得到训练实践的反复验证。因此，如何消除疲劳就成为高水平运动员预防运动伤病、保持持续参赛能力和提高专项运动成绩的关键因素之一。合理的恢复要建立在多学科平台基础上，适时把握不同运动员比赛、训练和不同项目所消耗的能量及膳食特点，把握比赛或训练对运动员构成物质的消耗与营养素构成的关系，配置相应的各种心理、生物干预措施，使营养恢复系统整体化、制度化和功能化。这是备战大赛要重构与细化训练结构的任务之一，也可能是我们与世界顶尖运动成绩存在差距的重要原因之一。

从体能主导类项目训练的发展趋向看，除了加强传统上的恢复手段和措施外，一些力量训练与有氧训练也被作为提高恢复能力的重要手段，被动恢复已被主动恢复逐步取代。全新的恢复理念使得人们已不仅从机体疲劳恢复的专门措施与手段方面，而且从训练的负荷方面加强恢复能力的培养，从基础上提高运动员的恢复能力。

教练员和运动员是运动恢复活动的主体，教练员在制订训练计划时就应当考虑到恢复。恢复已经成为运动员尤其是高水平运动员训练的一个有机组成部分，在很大意义上也是运动员的一种"能力"，这种能力与其他能力一样要给予专门的重视和训练。运动员既要在教练员的指导下从事恢复实践，也应与教练员一起设计、组织实施自己的恢复活动，并参与对这一恢复过程的有效控制。恢复是一项非常复杂的工作，光靠教练员是难以完成的，管理工作者、科技人员、运动医生、营养师等也都是运动恢复活动的积极参与者，把各方面人员组织在一起分别从不同的角度进行分工合作才能搞好这项工作。

六、运动训练的科学监测

更快、更高、更强的奥林匹克精神使竞技运动水平不断提高，世界纪录不断被刷新，运动员承受的训练强度和训练量越来越大，运动训练与比赛对体育科技提出了更高的要求。对运动员的训练过程实施系统的、长期的科学监测，以便科学诊断运动员的训练负荷、运动成绩、心理状态、技术特点和身体机能等状况，并在比赛或训练后通过科学手段加速能量储备与身体机能的恢复，防止运动员出现过度训练或过度疲劳，有效提高运动员的竞技能力。同时，在重大比赛前与赛中科学地调控运动员的竞技状态，进而在比赛中创造最优异运动成绩，是体育科学领域亟待解决的问题。运用运动生理学、运动心理学、运动生物力学、运动生物化学等学科的基本理论与方法，研究运动员竞技状态特点和规律以及运动训练科学监测。运动训练的科学监测包括竞技能力诊断与监测、训练负荷诊断与监测、运动成绩诊断与监测等多方面。不同的诊断内容采用的方法不同，如运动技术诊断主要采用影像测量与分析、力学理论分析、力的测量与分析等方法，对运动员的专项运动技术进行定性和定量诊断。在对运动员的竞技能力进行诊断时，要依照专项竞技能力结构特点，重点诊断那些起决定作用的主导因素，并作为竞技能力总体诊断的主要依据。

诚然，科学化训练的规律也不是一成不变的，随着竞技水平的不同发展，这种发展趋势也是动态变化的，我们要用动态的、发展的观念来对待科学化训练的规律。不同项目的教练员、运动员、科研人员与管理人员等要针对所从事项目的训练特点，结合自己的客观实际，找出训练中存在的问题，及时调整自己的训练思路、理论与方法，找出相应的改进策略，以贯彻夺标与育人的竞技体育思想。

第四节　运动训练的影响因素

运动训练质量的高低直接影响着竞技运动水平的发展，而如何提高运动训练的质量是每一个教练员都在认真研究的课题。运动训练的质量受很多因素的影响，如教练员水平、训练条件、运动员参与训练的积极性等，其中运动员参与训练的积极性是影响运动训练质量的主要因素。因为在运动训练的过程中运动员是主体，只有了解积极性产生的因素并充分利用这些因素，才能最大限度地调动运动员的训练积极性，保证运动训练的质量。

一、缺乏积极性是运动员提高运动技术水平和训练质量的障碍

积极性是运动员参与运动训练所必备的一种个性心理，是在心理活动中表现出来的。积极性作为一种心理行为是社会赖以前进发展的行为基础，体现了人对客观事物的态度。当它在运动员的心理活动中表现出来而影响其活动效率时，运动技术水平的发展则受其影响。因此，积极性的具备与否，是运动员提高运动技术水平、保证训练质量的关键，对提高运动水平和训练质量有着巨大的影响作用。

二、产生积极性的驱动力是运动员提高运动技术水平及保证训练质量的动力

产生积极性的驱动力来源于内驱力和外驱力两种。内驱力是基础、根据，外驱力则是条件和诱因。

内驱力包括生理驱力和心理驱力两大类。生理驱力来源于人的本能如摄食、性、防卫等；而心理驱力则是人类所特有的一种内驱力，与人的社会化进程和价值观念密切相关，它包括名誉、权力、成就、友谊、归属等，其中影响最大的是名誉和成就。当运动员认识到运动所给予的价值与他本身的需求吻合时，他就会发自内心地要求自己参与训练，提高自身的运动技术水平。

外驱力则来源于外部的刺激，如物质刺激、精神刺激、信息刺激等，这是通过强化个体的内部需要而引起的动机，从而产生某种行为。在体育运动中有物质、精神上的奖励，运动成绩好坏的刺激，来自同性、异性的赞美等，这些都是激发运动员产生训练积极性的动力。

驱动力，尤其是心理驱动力是引导运动员自觉参与训练的重要基础，是运动员不断发展和提高运动技术水平的动力，也是保证运动训练质量的基础。

三、积极性特征是运动员提高运动技术水平和训练质量的心理基础

积极性具有四大特点：明确的目的性、浓厚的兴趣性、克服困难的坚韧性以及自觉进取的主动性。

（一）明确的目的性是运动员积极性的认识特征

运动员的行为如果没有明确的目的或者预定的目标，完全受制于客观环境的驱使，说明他没有认识到其行为的意义，缺乏自觉性而存在盲目性。这样的运动员在训练过程中就常常会东一榔头西一棒子，不知道自己需要什么，也就不可能有目的地提高自身的运动技术水平。

（二）浓厚的兴趣性是运动员积极性的感情特征

如果运动员对他所从事的运动项目没有兴趣，他在训练中就不可能有饱满的热情。热爱能让运动员勤奋，而勤奋则可使运动员积极参与每一次训练，从而促使其运动技术水平在训练中得到充分的提高和发展。

（三）克服困难的坚韧性是运动员积极性的意志特征

运动员的运动技术水平总是在一定条件下，在训练中克服了一个又一个困难而发展和提高起来的。对一个意志坚强的人来说，则可以克服种种不利条件，使自己在训练中不断发展和提高。

（四）自觉进取的主动性是运动员积极性的行为特征

运动员的行为如果总是处于被动状态，当然不是积极的表现，而衡量一个运动员积极性的高低，则主要看其主动性状态。当运动员的主观能动性被激发出来之后，他就会在训练中不断追求、不断提高，磨炼意志，克服各种困难，提高自身的运动技术水平。

四、充分调动运动员的积极性是促使运动员提高运动技术水平和保证训练质量的首要任务

调动运动员的积极性其实就是对运动员的行为导向问题。这个行为导向应遵循以下四个原则：

（一）目标导向原则

人的行为总是为了追求一定的目标，运动员的行为也不例外。因此，合理的目标就会成为激发运动员行为的动力。教练员在进行目标导向时，必须注意运动员对目标的可接受性，过高过低都会影响其积极性，从而影响运动训练的质量。

（二）需要导向原则

运动员的运动训练都是为了满足某种需要而进行的。因此，需求是运动员积极性产生的源泉。作为教练员就必须在训练过程中对运动员不断进行需求导向，把运动员的积极性引到合理的需求上来。

（三）利益导向原则

这里的利益并不仅仅局限于经济利益，而主要指荣誉、成就等，因为运动员产生训练行为之前往往会考虑其行为的后果会给他带来怎样的利益和害处。导向好，则会使运动员终身受益。在贯彻利益导向原则时，要注意把集体利益和个人利益结合起来，使运动员的训练行为既对集体有利，又对个体有利，切实把其训练行为与绩效挂起钩来，造成个人行为越正确，绩效就越高的局面。

（四）评价导向原则

人的行为都具有社会标准化倾向，因而人们常以社会对自己的评价来不断调整自己的行为，使之适应社会的需求。同样，运动员在训练中，教练员的评价往往会起到很好的引导作用。如在训练中，教练员给予运动员技术、意识正确与否的提示有助于运动员建立正确的技术动作和良好的运动意识，使运动员的肌肉本体感觉和判断力逐渐敏锐起来。因此，恰当的评价往往可使运动员少走弯路，提高完成技术动作的自信心，从而提高运动训练的质量。

综上所述，积极性因素之所以能影响运动训练质量，提高运动员的运动技术水平，是因为积极性能够激发、动员运动员自身的潜在能力去寻求解决问题的方式、方法，这是由积极性的四大特征所决定的。同时，积极性所产生的驱动力又为运动员提高运动技术水平和保证训练质量提供了内在的心理条件。因此，教练员必须了解促使运动员产生积极性的各种因素，并利用这些因素去激发、调动运动员的训练积极性，从而保证运动训练的质量，促使运动技术水平的提高和发展。

第五节　现代运动训练的新思想与新理念

训练理念是训练主体对运动训练及其过程进行思维的概念或观念的形成物，是理性认识；训练理念不是训练现实或训练实践，但源于对训练实践的思考，是对训练实践的自觉反映。因此，从理论上说，训练理念是理念持有者对训练实践的清醒判断与认识，同时，对训练实践具有引导定向的意义。随着科学技术的迅速发展及由此带来的先进的体育训练手段和方法的不断出现和应用，现代竞技体育朝着竞技水平极值化、激烈限度不断加大、复杂性增多、运动员的心理压力不断增大、有效参赛的周期延长、参赛准备复杂的方向发展。我们应该对运动训练认真地分析研究，以便明确当今努力的方向。本节对运动训练发展的特点进行分析，指出运动训练发展的新趋势，教练员和运动员对当今运动训练所应具有的新思想、新理念。

一、训练的数字化控制

数字化训练是利用信息技术作为认识工具指导运动训练实践，数字化训练的核心就是信息技术和运动训练的整合。对运动员的现场信息进行同步采取和定量分析，大力开发研究的技术手段，加强科学意识，并积极与科研人员配合，把运动训练建立在相关信息尽可能完备的基础上，对训练进行数字化控制。

一个国家的体育事业发展水平，除了要有数量和质量保障的体育设施之外，体育发展中的科技含量、体育科技整体的发展水平越来越成为一个关键的要素。美国田径成功的一个重要因素是借助了最先进的训练仪器，采取数字化训练。传感器、视频录像，以及笔记本电脑成为美国奥运选手必不可少的"三大件"。利用仪器测量，体操运动员可以知道为什么自己不能尽可能地腾空，通过录像也可以发现身体展开过早对自己结束动作的影响；在对抗性项目上通过对对手情况的了解分析来制定自己的战术训练。大量事例都说明现在的训练已进入数字化时代，因此我们应以顺应这种时代的训练理念来指导训练实践，利用高新科技分析运动技术，获取大量的资料，采取大量的信息从而指导运动实践，建立信息数据库，为训练的科学控制提供前提。

二、心理训练作为一个重要内容贯穿到训练和生活之中

现代的竞技比赛复杂性增多，运动员承受的压力增加。在比赛中，经常发现运动员体能和技能训练很好而赛场失利的情况，特别是对抗性项目的决赛阶段，运动技术在基本相当的水平上，心理能力对于运动员取胜起至关重要的作用。在比赛中经常看到因为心理素

质差而在大好的形势下丢掉比赛。心理素质同样是运动员参赛能力的一个重要组成部分，可心理训练在训练中往往被忽略而只注重专项技术训练。心理训练并非心理专家在赛前一次谈话就可以解决的，应该把心理训练作为一个很重要的内容，贯穿到平时的训练和生活中去，而不是把心理训练脱离日常训练单独进行，这样也不会收到好的效果。只有把心理训练融合到平时的训练之中，靠日常一点点地积累，这样才能培养运动员在大赛当中稳定的心理素质。

三、训练手段的选择及练习的时间间隔和次序

钟秉枢教授曾经讲过"训练是一门艺术"，教练员对运动员进行训练，就好比对璞玉进行雕琢，采用不同的雕琢手段，先后次序及选择不同的时间即可雕琢出不同等次的玉器来。在中国体育界现在盛行"三从一大"的训练原则，即训练必须从难、从严、从实战出发，坚持科学的大运动量训练。在传统训练方法不断强化的同时，现代运动训练方法，如"模式化""信息化""模拟训练"和"计算机训练"等逐渐进入运动训练，全面系统的训练得到强调。运动训练是一个不断探索、总结和完善的过程。要善于打破常规对训练理念的枷锁，如以前的训练把速度安排在前，让运动员在身体状况最好的时候练速度，后面再安排其他的练习。而孙海平对刘翔的训练，是把速度安排在后面，在之前进行许多的辅助力量或速度力量训练。他的这种安排是以神经系统的兴奋性为科学依据；神经系统除了支配肌肉工作，还要感知来自肌肉的信息，然后进行修正和调整。运动员完成大重量的练习比完成小重量练习时神经发生的冲动要大得多，而且会持续一段时间利用这种后效作用，来进行速度训练，这样训练的效果更好，而且运动员的肌肉在得到一定刺激后完成动作的力度更大。他们的许多训练手段和安排都源自神经和肌肉协调的理念，将传统的训练次序倒过来。所以现代运动训练，在对事物新的科学的认识基础上，对训练手段的选择、安排的时间和次序进行新的探索及打破常规的理念是提高训练质量，收到更好的训练效果和创造优异成绩的关键。

四、高效率的多因素的全面训练

以往的训练都是单一的训练，今天练这部分，明天练那部分，最后再花大量的时间将这些单一的东西进行组合和转化，在人力、物力、时间上造成极大的浪费。另外单因素的训练，力量就是力量，速度就是速度，最后造成大脑皮层的兴奋点都是单一和局部的。而高效率的多因素的全面训练，即在一个训练手段里面包含多种训练因素，一个练习中融合多种训练因素，对神经系多一些刺激、多一些兴奋，所练习的结果可以直接对专项起作用，这样就省去了重新组合转化的时间，大大提高了训练效率。以跨栏中的起跨腿原地支撑向前提拉练习为例，当腿向前提拉时，给一些阻力，把一些力量训练因素加在里面；而当动作快要结束时，顺势向前推一下，给一些助力，帮助加快动作速度，这就又把速度融入里面。

五、着重建立科学训练的理论体系与训练平台

近年来，我国运动训练学理论体系取得了具有科学意义的重要进展，从运动训练学三个层次理论体系的确立、训练目标导向与控制过程的强化、训练理论时空架构相对均衡的调节、竞技能力结构的"双子模型"运动训练学基本概念的科学定义，以及运动训练学理论向竞技体育学理论的扩展研究成果，可以清晰地感受到具有中国特色的运动训练学理论体系正在逐步形成。在这种科学理论的基础上，把实践与理论紧密结合，形成各专项训练新理念，建立训练实践操作平台是成功训练的关键。我国皮划艇项目短期内实现奥运金牌零突破的成功经验就是：紧紧围绕皮划艇项目的科学训练理论体系来组织和控制皮划艇的训练活动，以有氧训练为基础，以有氧强度（速度）训练为核心手段，来有效提高"乳酸供能"能力的平台，皮划艇训练方法、手段的重点和体系以及各种测试与评价体系都围绕这两种有氧能力来实施训练，以此提高和诊断运动员"乳酸供能"能力的平台，从而建立训练实践操作平台。孙海平教练带训练之所以取得辉煌成就的一个重要原因之一就是把训练建立在一个以强度为中心的平台上，就是高效率地全面训练，每个练习、每个手段都是大强度，每天都是大强度，从准备活动到专项训练再到身体训练，都是以强度为中心。

六、剖析和重新认识各专项训练的本质特征及规律

在比赛中不停地有世界纪录被一次次刷新，除了有其他因素之外，其对专项训练的本质和规律不断地进一步认识也是重要原因之一。人们对世界事物的认识永远是一个不断发展和修正的过程，在当今日趋激烈的比赛中要想创造好成绩，在训练中就要不断地剖析和进一步认识各专项训练的本质特征及规律。例如，以前在田径赛跑项目上认为是靠两条腿跑步，因此，为发展大腿股四头肌的力量主要采取杠铃深蹲，对髋部和上体没有什么帮助，所以大多数运动员跑起来光靠两条腿在发力和用力，不光费力气，而且维持不了多久，顶多几十米，而比赛的最短距离是100米，因此，经常看到运动员跑到后程出现跟不上的现象。这说明光靠增加腿部力量不符合这专项的特点，对专项的本质特征及规律没有完全正确的认识。髋基本上是在人的正中间，由髋发力的实效性应该是最好的，可以说髋是发动机，有了强大的发动机，运动员自然就跑得快。科学训练的本质是在正确认识专项训练客观规律的基础上，建立该项目训练的决策思想、行为准则和方法学理论体系。中外优势项目的形成与发展的实践表明：创新战略和体系的超前性和专项训练的本质规律系统化是成功的基础。

总之，训练理念是人类进行训练实践的指南，没有正确、先进的训练理念，其训练实践便是一种低级、落后的重复活动。在人类竞技体育的发展过程中，特别是在我国落后的竞技项目中，无数事例反复重申这样一个命题：竞技成绩的落后必然伴有训练理念的落后。因此，构建先进的训练理念是竞技体育不断创新、发展、提高的前提，也是改变我国落后项目局面的根本出路。

第五章　高校体育田径与球类训练

第一节　田径运动

一、田径运动概述

（一）田径运动的起源

田径运动是由走、跑、跳跃、投掷等运动项目及其由部分项目组成的全能运动项目的总称。田径运动是世界上影响最大的体育运动项目之一，是各大型综合运动会金牌数最多的体育运动项目，历来受到各国政府、体育界的重视，是衡量一个国家运动水平高低的标准。

田径运动历史悠久，是世界上最古老的运动项目之一。田径运动起源于人类的基本生存与生活活动，历经长期演进、发展，已成为人类社会最鲜明的文化现象之一，成为最贴近人们现实生活的健身娱乐活动项目之一。

在远古时代，人们为了获得赖以生存所需的生活资料，在和大自然及野兽、猛禽的斗争中，学会了走、跑、跳跃、投掷等各种技能。随着时间的推移，这些技能不断被世代沿袭、传授并加以改良，在一定时期内，被用来训练士兵作为提高进攻或防御能力的一种有效方法，同时在祭祀和庆典活动中广泛使用，这些都对田径运动的发展起到了推动作用。

（二）田径运动的价值

作为一项最基础的体育运动项目，田径运动不仅能全面地提高人体的运动能力和运动素质，而且能对培养人和塑造人起到重要作用，因此在学校体育、社会体育和竞技体育中均有显著地位。

1. 田径运动的教育价值

（1）田径运动的各项目都要求运动员具有在一定限制的条件下表现出最强实力的能力，要始终保持必胜的信心，有克服一切困难和正视一切挑战去实现自己目标的勇气。因此，它能培养人的勇敢顽强、拼搏进取的意志品质。

（2）田径运动是在严密的组织下，按严格的规则和要求进行的。同时运动员要通过个人努力才能取得优异成绩，这一成绩与集体荣誉紧密联系在一起。因此，它能培养人遵守纪律，增强人们的责任感和集体主义精神。

（3）田径运动主要是个人项目，运动员要以不同的方式和方法不断完善自己，提高运动水平，更多地依靠自己独立地完成任务。在比赛中，要有应变能力、调控自我情绪去排除各种干扰的能力。因此，它有助于个性的形成，有利于心理素质的培养。

（4）田径运动的技术变化小，单一重复的动作较多，尤其是训练内容相对枯燥死板，训练量较大。因此，从事这项运动能培养人们吃苦耐劳、坚忍不拔的精神。

2. 田径运动的健身价值

田径运动的不同项目对提高身体的有关能力和相应的身体素质，提高人的健康水平有明显作用。

（1）短距离跑

短距离跑是人在无氧条件下进行的一种运动，它能使有氧系统酶的活性增强，能增大人体的最大摄氧量，同时还有助于提高中枢神经系统兴奋和抑制的灵活性。它是发展快速运动能力和提高无氧代谢水平的重要手段之一。

（2）长距离跑和竞走

长距离跑和竞走能增强心脏和呼吸系统的工作能力。由于人体在有氧情况下进行运动，消耗的能量较大，所以能防止人体内脂肪储存过多。它是增强心肺功能和提升耐久力的有效手段。

（3）跳跃

跳跃是短时间、高强度神经活动和肌肉用力克服障碍的运动，能使人的感觉机能得到提高和加强。它是提高身体控制和集中用力能力，发展协调性、灵敏性的有效手段之一。

（4）投掷项目和旋转类项目

投掷项目是表现人体力量的运动，能使人体肌肉发达、力量增强，改善人体灵活性。旋转类项目能使神经系统具有高度的均衡性，使前庭分析器具有很高的稳定性，是提高肌肉力量、改善神经系统和发展力量素质的手段之一。

3. 田径运动的竞技价值

在竞技体育中，田径是公认的大项。它的奖牌最多，所以素有"得田径者得天下"之说。各种大型综合运动会，最后一项比赛一般都是田径项目比赛，往往在最后田径比赛的角逐中决出团体的胜负。田径训练一般要求的条件不高，选材面广，参加人数多，而且是个人项目，项目投资与奖牌比小，效益高。所以，田径项目一直被列为竞技体育中的重点。

田径运动在提高身体素质方面效果显著，很多竞技体育项目都把它作为发展全面身体素质的重要手段。为了较客观地衡量身体训练水平、检验身体训练的效果，一般会给一些田径项目制定测验标准，并作为常规性测验指标。

（三）田径运动的分类

田径运动分为径赛、田赛、全能运动三大类，以时间计算成绩的项目叫径赛项目；以远度和高度计量成绩的跳跃和投掷项目叫田赛项目；由跑、跳跃、投掷部分项目组成的，以积分算成绩的属于全能运动。田径运动是径赛、田赛和全能运动的全称。全能运动是以各单项成绩按（田径运动评分表）换算分数计算成绩的。

正式国际田径比赛的项目如下：

①竞走：场地赛5千米、10千米；公路赛20千米、50千米。

②跑：短距离跑、中距离跑、长距离跑、跨栏跑、障碍跑、马拉松、接力跑。

③跳跃项目：男、女同为撑竿跳高、跳高、三级跳远、跳远。

④投掷项目：铅球、标枪、铁饼、链球。

⑤全能项目：男子10项全能，包括100米、跳远、铅球、跳高、400米、110米栏、铁饼、撑竿跳高、标枪、1500米；女子7项全能，包括100米栏、铅球、跳高、200米、跳远、标枪、800米。

二、短距离跑

短距离跑（下称短跑）的全程技术根据跑程中的特点可分为起跑、加速跑、途中跑和终点跑四个部分。全程跑的成绩，取决于起跑的反应速度、起跑后的加速跑能力、保持最高跑速的距离，以及各部分技术完成的质量。

（一）短距离跑的基本技术

1. 起跑

起跑包括起跑前准备姿势和起动动作。它的任务是获得向前的冲力，使身体迅速摆脱静止状态，为起跑后的加速跑创造有利条件。

（1）起跑器的安装

短跑的起跑都采用蹲踞式起跑，并使用起跑器。起跑器的安装方法有"拉长式""普通式""接近式"三种。通常采用"普通式"，前起跑器安装在起跑线后一脚半（40～45厘米）处，后起跑器距前起跑器一脚半；"拉长式"的起跑器安装是前起跑器在起跑线后两脚长处，后起跑器距前起跑器为一脚长；"接近式"是前起跑器安装在起跑线后一脚长处，后起跑器距前起跑器一脚长处。3种安装法前后起跑器的支撑面与地面均分别成40～45°角和70～80°角，2个起跑器的间隔距离约为15厘米。

三种起跑器的安装方法各有特点，要根据自己的身高、体形、运动水平和习惯来选用和调整起跑器的安装方法。

（2）起跑技术

起跑全过程包括"各就各位""预备""鸣枪"（或跑）三个阶段。

听到"各就各位"口令后，做2～3次深呼吸，轻松地走到起跑器前，两手撑地，两脚依次踏在前后起跑器的抵足板上，后膝跪地，两手放在紧靠起跑线后沿处，两臂伸直，两手间隔稍宽于肩，四指并拢和拇指成八字形支撑，颈部自然放松，两眼视前下方约一步远处，注意听"预备"口令。"各就各位"的动作要领可归纳为：手撑线后稍肩宽，有力之脚置在前。后膝跪地颈放松，双肩过线待预备。听"预备"口令后，慢而平稳地抬起臀部，与肩同高或稍高于肩，重心适当前移，这时体重主要落在两臂和前腿上。前大腿与小腿夹角成 90 ~ 100°，后大腿与小腿夹角为 110 ~ 130°，背部稍稍隆起，头与躯干保持自然姿势，集中注意力听枪声。"预备"的动作要领可归纳为：两脚紧贴起跑器，臀部从容往上抬。两臂前脚负体重，屏气静待枪声响。听到枪声，两手迅速推离地，两臂屈肘有力地做前后摆动，两腿迅速蹬离起跑器，使身体向前上方运动，躯干前倾与水平线成 15 ~ 20° 角。枪声后的动作可归纳为：两臂前后有力摆，两腿前上快速蹬，躯干前倾不抬头，后腿前摆不高抬。

2. 加速跑

起跑后的加速跑是从后腿蹬离起跑器到途中跑之间的一个跑段。它的任务是充分利用向前的冲力，尽量在最短距离内跑出最高速度。

当后腿蹬离起跑器并结束前摆后，便积极下压着地。第一步的着地点应尽可能靠近身体重心投影点，脚着地后迅速转入后蹬。前腿在蹬离起跑器后，也迅速屈膝向前摆动。摆臂方向应与运动方向一致，臂前摆时，肘关节角度稍小于 90°，后摆时，肘关节角度稍大于 90°。起跑出发后的第一步不宜过大，一般为三脚半至四脚长。第二步为四至四脚半长，以后逐渐增大到途中跑的步长。在加速跑的最初阶段，躯干前倾较大，随着步长和跑速的增加逐渐抬起直至接近途中跑的姿势。

3. 途中跑

途中跑是短跑前程中最主要的部分，是距离最长、速度最快的一段。其任务是继续发挥和保持高速度跑。起跑后的加速跑阶段结束，经过 2 ~ 3 步的惯性放松跑后，即进入途中跑。

途中跑是周期性的活动，在这个跑的周期中，包括后蹬与前摆、腾空、着地缓冲等动作。

（1）后蹬与前摆阶段

当身体重心移过支撑点垂直线时，就进入了蹬地腿的后蹬与摆动腿的前摆阶段，这时摆动腿的膝关节超越支撑腿开始，迅速有力地向前上方摆出，并且带动同侧骨盆前送，大腿与水平面成 15 ~ 20° 角。支撑腿在摆动腿积极配合下，快速有力地伸展髋膝和踝关节，蹬离地面，后蹬结束，支撑腿与摆动腿成 100 ~ 110° 角，支撑腿与地面成 47 ~ 50° 角。

（2）腾空阶段

当支撑腿结束后蹬即进入腾空阶段。此时小腿随着蹬地后的惯性和大腿的摆动，迅速向大腿靠拢，形成大小腿边折叠边前摆的动作。与此同时，摆动腿以髋关节为轴积极下压，膝关节放松，小腿随摆动腿下压的惯性，自然向前下伸展，准备着地。

（3）着地缓冲阶段

腾空阶段结束，当摆动腿的前脚掌着地的瞬间，即开始了着地缓冲阶段。当脚掌着地之后，重力和摆动腿屈膝摆动时的压力作用使支撑腿迅速弯曲进行缓冲。当身体重心移至支撑点垂直面时，支撑腿的膝关节成 130 ~ 140° 角，踝关节（踝背屈）成 85 ~ 90° 角，脚跟稍离地，形成"压紧待发"的姿势。

在支撑点着地缓冲过程中，摆动腿以大小腿折叠姿势迅速向前摆动，直至摆过支撑腿的膝关节稍前部位，这时大小腿折叠角度最小，脚跟几乎碰到臀部。

（4）途中跑阶段

在途中跑时，头部正直，上体稍有前倾。两臂前后摆动要轻快有力，前摆时，稍向内，手的高度稍超过下颌，这时大小臂角度为 60 ~ 70° 角，并伴随同侧肩前送或异侧肩后引的动作；臂后摆时，肘关节稍朝外，在身体垂直部位时，大小臂夹角 130 ~ 150°，后摆时约为 90°。总之，途中跑应做到动作轻松有力、协调自然，幅度大、频率快，重心平稳，直线性好。途中跑的动作要领可归纳为：提腿送髋蹬伸要充分，摆臂有力重心要平稳，扒地积极蹬摆配合好，快跑放松后蹬不松劲。

（5）弯道跑技术

弯道跑时，为了克服惯性离心力的作用，身体应向圆心倾斜。臂的摆动，右臂摆动的幅度和力量都稍大于左臂，前摆时稍向左前方，后摆时肘关节稍向外，左臂稍离开躯干。在跑的过程中后蹬时右腿用前脚掌的内侧用力，左腿用前脚掌的外侧用力；前摆时，右腿膝关节稍向内，同时摆动的弧度要比左腿大些，左腿前摆时应稍向外。由弯道进入直道跑时，应顺惯性放松跑 2 ~ 3 步以消除弯道跑时所产生的多余肌肉紧张。弯道跑的动作要领可归纳为：躯干内倾向圆心，臂腿摆动向内倾，右腿右臂摆幅大，左外右内着地点。

4.终点跑

终点跑是全程跑的最后一段。其任务是尽力保持途中跑的高速度跑过终点。

在离终点线 15 ~ 20 米处，尽量保持上体前倾角度，加快两臂摆动的速度和力量。在跑到终点线部位时，上体急速前倾，用胸部或肩部撞终点线，并跑过终点，然后逐渐减慢跑速。终点跑动作要领可归纳为：上体前倾角度要保证，两臂摆动加快要有力，上体急速前倾胸撞线，大步缓冲渐减速。

（二）短距离跑的教学步骤与练习方法

1.学习蹲踞式起跑和起跑后的加速跑

练习一：学习安装起跑器、"各就各位""预备"动作。要求掌握"各就各位"技术动作，身体各部位所处的位置要正确。

①重点：做好"预备"动作，身体重心适当前移。

②难点：做预备姿势时，两腿压紧起跑器。

练习二：学习起跑"各就各位""预备""鸣枪"（跑）的口令与信号，距离在 30 米之内，反复练习起跑。

①重点：要求调整好起跑器，掌握起跑的正确姿势。

②难点：摆臂动作要求正确，养成听信号起跑的动作练习。

练习三：蹲踞式起跑，距离在60米之内。

①重点：学习起跑后加速跑的技术。体会起跑后加速跑时，随着步长增加，上体逐渐抬起，足迹逐渐成一直线。

②难点：利用斜竹竿，限制起跑时上体过早抬起的练习。

2.学习直道途中跑技术

练习一：中速跑50～120米，学习跑的正确姿势，提高跑的能力。

①重点：要求摆臂正确，跑得轻松自然，整个动作协调，注意后蹬、摆腿和正确着地的技术。

②难点：髋关节要放松，使跑步时步幅加大。

练习二：加速跑40～100米，学习跑的身体姿势，提高跑的速度。

①重点：跑时保持正确的身体姿势，逐渐加快速度。

②难点：增强大腿屈肌的力量。注意多做蹲跳、蛙跳、跳起抱膝的练习。

练习三：行进间跑20～40米，用于提高速度，学习有节奏地增强跑的能力。

①重点：要求跑时注意保持途中跑的姿势。

②难点：行进间跑时身体不要后仰，加强腰腹肌肉力量的练习。

练习四：重复跑50～100米，做2～3次。

①重点：在初步掌握加速跑节奏的基础上，采用重复跑的方法，改进途中跑技术，增强放松跑的能力。

②难点：进行重复跑时，做原地放松前后摆臂练习，克服左右摆臂的习惯。

练习五：上坡跑和下坡跑30～50米。

①重点：学习上坡跑是为了增强腿部后蹬的力量，下坡跑是为了提高步频。

②难点：加强后蹬、前摆送髋和积极落地的技术练习，提高跑的动作协调性。

3.学习弯道跑的技术

练习一：沿半径为15～20米的圆圈跑，体会弯道跑的技术。

①重点：弯道跑时，躯干应向左倾斜，右肩高于左肩，右臂摆动幅度大于左臂。

②难点：注意加强左脚以脚掌外侧着地的练习。

练习二：从直道进入弯道跑50～60米。

①重点：学习进入弯道时，身体逐渐向左倾斜，进入弯道后，要求在转入直道跑前几步身体逐渐直起。

②难点：注意进入直道后，保持途中跑的正确技术练习。

练习三：学习全弯道跑的技术，距离在100～120米。

①重点：掌握弯道跑时，两脚落地和两臂摆动的技术动作。

②难点：注意弯道跑时越是里道，跑速越快，越要向左侧倾斜的动作练习。

4.学习终点跑

练习一：慢跑中做上体撞线动作，距离在 20 ~ 30 米。

① 重点：学习慢跑在离终点最后一步时，上体迅速前倾的动作。

② 难点：加强用肩部撞线的练习。

练习二：中速跑，距离在 20 ~ 40 米。

① 重点：学习掌握中速跑用胸撞线的技术，加强两腿蹬地力量和两臂的摆动技术。

② 难点：撞线时不要有跳起动作，进行过线后逐步减速慢跑的练习。

练习三：采用蹲踞式起跑，距离在 30 ~ 50 米，练习终点撞线的动作。

① 重点：学习快速跑到终点撞线。

② 难点：加强高抬腿跑、单脚跳的练习，增强下肢力量。

三、中长距离跑

（一）中长距离跑的基本技术

中长跑是田径运动中发展耐久力的主要项目，也是锻炼、提高、改善心血管系统功能的一项有价值的锻炼项目。中长跑是中距离跑、长距离跑和超长距离跑的合称。男子800 米、1 500 米、3 000 米和女子 800 米、1 500 米均属于中距离跑，男子 5 000 米、10 000 米和女子 3 000 米、5 000 米、10 000 米均属于长距离跑。10 000 米以上的越野跑和马拉松跑（42 195 米）属于超长距离跑。

各种距离的中长跑，在动作结构上基本是相同的。但由于距离长短和速度快慢不同，在跑的技术上也有所区别。

1.起跑

中长跑是"各就各位""跑"两个信号完成起跑动作，采用站立式起跑。发令前赛跑者站在集合线后，听到"各就各位"的口令后，先做一两次深呼吸，然后慢跑到起跑线后站立，把有力脚放置在前，后脚尖离前脚跟大约一脚半长，上体前倾，两腿弯曲，重心落在前脚上，后脚用前脚掌着地，前脚异侧的臂在体前自然弯曲，同侧臂放在体后，眼看前面三四米处，身体保持稳定姿势。当听到枪声时后脚迅速蹬地，后腿用力前摆，前腿迅速用力蹬直，两臂前后配合两腿动作做快而有力的摆动，使身体迅速向前冲出，并抢占有利位置。

2.途中跑

中长跑的强度小于短跑，后蹬用力比短跑小，后蹬角度比短跑小，为 53 ~ 57°，但要求后蹬有力，后蹬时髋、膝、踝、趾关节蹬直的速度快而充分，保证身体迅速向前移动。中长跑着地要求柔和有弹性，两脚要落在一条直线上。

中长跑的摆动腿和脚落地时有三种方法：一是用前脚掌着地，可使身体重心处于较高的部位，减少脚着地时的阻力和身体重心的上下起伏，有助于缩短支撑阶段的时间，从而能较快地转入后蹬，这是一种高速跑的方法；二是用全脚掌着地，这种方法较省力，对较长的距离比较合适；三是用脚跟先着地并迅速滚动到脚掌的方法，适用于公路跑。中长跑中当大腿摆至与地面垂直时，摆动腿的膝关节应低于支撑腿的关节，这是良好的中长跑技术标志之一，这说明摆动腿一侧的膝关节比较放松，使肌肉用力与放松交替控制好。

3. 终点冲刺跑

终点冲刺跑是指中长跑临近终点最后一段距离跑，这时已处于十分疲劳的状态，也是胜利在望、取得优秀成绩的关键时刻。此时，运动员应以顽强的意志，动员全身的力量加快摆臂、加强后蹬，向终点冲去。800 米可在最后 150 ~ 200 米开始冲跑，1 500 米以上距离可在最后 300 ~ 400 米开始冲跑。

4. 中长跑呼吸和"极点"现象的克服

中长跑时的呼吸要自然，要有一定的深度，不仅用鼻子，也可半张口进行呼吸。但呼吸节奏要与跑的节奏相配合，切不可进行短促而表浅的呼吸。有节奏地进行呼吸有利于改善气体交换和血液循环条件，提高跑的能力。一般可按跑的节奏两步一呼、两步一吸，也可一步一呼、一步一吸，三步一呼、三步一吸，主要是根据自己的习惯而定。

中长跑的特点是维持一定的速度跑完较长的距离，肌体必须得到充足的氧气供应。由于中长跑时氧气的供应往往落后于肌肉活动的需要，所以常常出现"极点"现象。"极点"出现后可以用调整跑速、加深呼吸、增加呼吸的次数来加以解决。

练习者要有坚强的意志，坚持跑下去，不久"极点"现象就会克服，困难局面就会变为顺利的局面，胜利地跑到终点。

5. 中长跑的练习方法

练习小步跑、高抬腿跑、后蹬跑，并过渡到 40 ~ 60 米加速跑、中等速度跑，练习 100 ~ 200 米站立式起跑、100 ~ 200 米的重复跑、300 ~ 600 米匀速跑，女生练习 600 ~ 800 米跑，男生练习 1 200 ~ 1 500 米跑。也可按个人计划、体力进行合理调整。

6. 中长跑比赛中的战术

所谓中长跑比赛中的战术，就是指在比赛中所采用的跑法。一般有根据本身预定速度计划，不受任何干扰的匀速跑，有破坏和拖垮对手为目的的变速跑法，有领先跑和跟防跑交替进行的跑法，有以最后冲刺的绝对速度优势战胜对手的跟防跑战术。总之，中长跑比赛战术，要根据自己的情况灵活运用。

（二）中长距离跑的教学步骤与练习方法

1. 建立正确的中长跑技术概念

结合优秀运动员的技术图片、挂图等，讲解中长跑技术、呼吸方法，以及跑中出现的生理现象。

2. 学习站立式起跑和终点跑

练习一：学习站立式起跑的技术，距离在 20 ～ 30 米。

① 重点：掌握原地站立式起跑的正确动作姿势。

② 难点：加强上体姿势和摆臂动作的练习。

练习二：听口令，进行站立式起跑和起跑后加速跑，距离在 30 ～ 50 米。

① 重点：学习起跑后加速跑的技术。

② 难点：两臂配合两腿的蹬、摆做快而有力的前后摆动训练，集中注意力听枪声。

练习三：300 米匀速跑—100 米冲刺跑。

① 重点：学习匀速跑、终点跑的技术。

② 难点：离终点还有 100 米时，进行加快摆臂和后蹬向终点冲刺的技术练习。

3. 学习途中跑的技术

练习一：在 80 ～ 120 米的距离内进行途中跑练习。

重点：学习放松匀速跑动作，步伐均匀，注意动作的实效练习。

练习二：在 200 ～ 400 米的距离内进行途中跑练习。

① 重点：学习重复跑，做 2 ～ 3 次，提高跑的能力，增强速度、耐力，要求动作放松。

② 难点：加强上体前倾角度，进行摆臂、摆动腿的动作幅度和后蹬的力量的练习。

练习三：在 400 米田径场上学习变速跑的技术，如 200 米快、200 米慢、400 米快、400 米慢、直道快、弯道慢等技术。

① 重点：注意后蹬与前摆动作的技术学习。

② 难点：要求跑得平稳、轻松，呼吸自然而有节奏。

4. 中长跑全程跑技术

练习一：在 400 米田径场上学习 1 000 米全程跑技术（起跑—加速跑 30 ～ 50 米—匀速跑—冲刺跑 200 米）。

① 重点：掌握呼吸节奏与跑的节奏紧密配合的技术。

② 难点：采用二步一呼、二步一吸的方法练习。

练习二：进行男生 1 500 米、女生 800 米全程跑的技术学习。

① 重点：掌握弯道跑的摆臂技术，改正身体姿势不正确、过于前倾和后仰的错误，进行身体姿势动作纠正练习。

② 难点：采用三步一呼、三步一吸的方法练习。

四、跳高

（一）跳高的基本技术

跳高是越过垂直障碍的项目。跳高的姿势按过杆的形式可分为跨越式、剪式、滚式、俯卧式、背越式，它们的结构都是由助跑、踏跳、过杆、落地四部分组成。本节介绍背越式跳高技术。

1. 助跑

助跑的目的是获得一定的水平速度，为积极、有力、快速踏跳创造条件。而助跑的距离应根据个人具体情况而定，不强求一致。

背越式助跑的路线为弧形，是用远离横杆的腿起跳。助跑的距离一般是跑6～8步（长者有达10～12步的），前段一般是跑直线，后段（最后3或4步）跑弧线。起跑点和起跳点的连线与横杆的夹角成70°左右，弧线半径5米左右。助跑的前段应快速跑，跑法和普通加速跑相似。后段因是跑弧线，所以身体向圆心倾斜，而且跑得愈快倾斜度愈大，前脚掌沿弧线落地，身体重心轨迹向内越出足迹线。这一段助跑的特点是：身体重心高，移动快，小腿伸得远，落地更为积极，步频快。这样便于保持较高的水平速度，有利于做快速有力的起跳动作，增强起跳腾起的效果。另外由于是沿弧线助跑，起跳时身体侧对横杆，所以转体较容易。

2. 起跳

起跳是跳高技术中最重要的环节。其目的是为了获得最大的垂直速度，为越过横杆创造条件。起跳点距离横杆垂直地面一般为60～90厘米。最后一步助跑，起跳腿迈出，用脚跟先着地（脚与横杆垂直面几乎平行）迅速转至全脚掌，身体由倾斜转向垂直，起跳后摆动腿与髋带动大腿迅速向起跳腿一侧扣膝上摆。同时，两臂配合腿的动作向上提肩摆起，摆动腿同侧肩开始做向后侧方伸展动作，身体沿纵轴旋转成背对横杆姿势。

3. 过杆

起跳腾空后，摆动腿膝关节放松，起跳腿自然下垂，手臂向横杆方向前伸，带动肩继续向后伸展，头和臂先过杆，同时积极挺髋，使人体在杆上成反弓的仰卧姿势。挺髋动作一直延续臀部移过横杆，这时两臂积极向前向下伸压，同时收腹举腿，借反弓身的反弹作用，将两腿上举过杆。

4. 落地

落地时应以肩背先着地，收腹举腿，卷曲身体来缓冲。如果冲力过大或举腿过猛，落地后可做后滚翻进行缓冲。

（二）跳高的教学步骤与练习方法

通过人们的不断努力实践和创新，跳高的技术有了较大的发展，有跨越式跳高、剪式跳高、俯卧式跳高、背越式跳高等项目。由于背越式跳高能发挥运动员的速度、爆发力，获得好成绩，已取代了其他跳高的方式，在体育教学中，以背越式跳高技术为主要的学习内容。实际教学中可结合图片、挂图、观察录像等手段，使学生懂得背越式跳高的完整技术。

1. 掌握起跳技术的练习方法

① 侧对横杆或肋木站立，起跳腿向前迈步放脚，接着上体前移，摆动腿屈膝上摆成起跳腿支撑，体重移到支撑腿上。

② 侧向站立，摆动腿同侧手扶支撑物，做摆腿、送髋和起跳腿蹬伸的练习。其要求为：摆动腿屈膝内扣向异侧肩的方向摆动，同时骨盆跟着扭转，起跳腿蹬伸并提脚跟。

③ 走动练习 ② 的动作，接着起跳腿蹬离地面完成起跳。

2. 掌握弧线助跑接起跳技术的练习方法

① 沿直径为 10～15 米的圆圈快跑。要求：身体向圆心倾斜，速度愈快倾斜愈大。

② 沿直径为 10～15 米的圆圈均匀加速跑，每隔 4 步向前上方起跳一次。要求：起跳时，上体由倾斜迅速转成正直，起跳中提腰、提肩、头向上顶起跳，腾空后，转成面向圆心。

③ 弧线助跑起跳后，手和头触高物（篮网或吊球、树枝等）。

④ 弧线助跑做单手反手投篮动作练习。

⑤ 弧线助跑在高横杆旁起跳。要求：弧线助跑身体向内倾斜起跳，脚踏上起跳点，身体快速由倾斜转为正直，摆动腿内扣，向异侧肩摆动，并带动骨盆扭转，成背对横杆在横杆远端落地。

3. 掌握过杆和落地技术的练习方法

① 仰卧在垫子或草地上，两肩和两脚撑地，做向上抬臀、挺髋的动作。

② 做"桥"的练习。

③ 背对垫子站立，然后提脚跟，挺髋和仰头，挺胸，肩向后倒，落在垫子上。

④ 背对搭放在垫子上的跳马站立，提起脚跟，肩向后伸展，做背越式过杆动作。

⑤ 立定背越式跳高。要求：两腿屈膝半蹲，然后用力向上跳，两臂配合向上摆，肩向后伸展、抬臀、挺髋成背越式姿势，肩背着垫。此练习可站在弹跳板或低跳箱上，结合过低横杆进行。

⑥ 弧线助跑，背越式跳上垫子垛。

⑦ 4 步弧线助跑，背越式过低横杆，要求步点准确，起跳后身体充分向上腾起，过杆时要有抬臀挺髋，并与横杆大致呈十字交叉，肩背落在垫子上。

⑧ 全程助跑背越式过杆。

4. 在完整技术练习中应注意之处

① 要正。即起跳用力方向要正、起跳腿落地要正。最后 4 步助跑的足迹要落在弧线上。起跳后，身体沿弧线的切线方向飞进。

② 要挺。即过杆时，抬臀、展腹、挺髋，完成"桥"的动作。

③ 要稳。即身体在空中飞行时要平稳，过杆后，肩背平稳地落在海绵垫上。

④ 要快。即做到助跑快、起跳快，整个动作完成得快。这是背越式的特点。

五、跳远

（一）跳远的基本技术

跳远是腾越水平远度的田径项目之一，它由助跑、踏跳、腾空和落地四个部分组成。跳远的远度主要由助跑速度和合理有力的踏跳所决定，腾空落地保证了踏跳所取得的效果。这四个部分是统一的整体，不能把它们分割开来。

1. 助跑

助跑是决定跳远成绩的先决条件。它是为获得最大的水平速度，并为强有力的踏跳做准备。助跑的距离根据个人发挥速度的迟早而定。现在世界优秀跳远运动员的助跑距离在40～50米（女运动员为33～40米），一般人为30～45米（女子为26～35米）。助跑的动作与途中跑相似，最后一步应比倒数第二步小，以利于快速而有力地踏跳。

助跑的方法一般采用站立式起跑，用两个标志，第一标志是助跑的起点，第二标志为离踏跳板一般相距6～8步的地方。助跑时要用踏跳脚踏在第二标志上。标志的作用，特别是第二标志，主要是用来检查步点的准确性。

2. 踏跳

踏跳应尽量保持水平速度以获得最大的垂直速度，并获得最理想的腾起初速度。腾起初速度与起飞角是决定跳远距离的主要因素。起跳动作是从助跑最后一步开始的，起跳时，大腿积极下压，小腿迅速前伸和全脚掌着板并立即转至前脚掌。当身体重心移至起跳腿的支撑点时，起跳腿迅速用力蹬伸，使踝、膝、髋关节充分伸直，同时摆动腿以膝领先，积极向前上方摆起，两臂积极配合腿部动作用力摆，当双臂肘关节摆至略低于肩或与肩同高时，做"突停"动作，这样借助摆臂的惯性提肩、拔腰、挺胸、顶头，帮助身体重心提高，增强起跳效果。

3. 腾空

经过助跑与起跳，身体进入腾空阶段。如果没有外力的作用，任何空中动作都不能改变身体重心抛物线的轨迹。腾空动作主要是保持身体平衡，为落地做好准备。腾空后起跳腿留在后面，膝稍屈，在空中形成腾空步。空中姿势一般有蹲踞式、挺身式和走步式三种，下面只介绍蹲踞式和挺身式。

（1）蹲踞式

腾空步后，上体仍保持正直，摆动腿的大腿继续抬高，两臂向前挥摆，起跳腿向前上方提起与摆动腿并拢，形成空中蹲踞的姿势。随后两腿各上收，上体前倾。将要落地时，两臂由前向下、向后摆动，同时向前伸小腿落地。

蹲踞式跳远的优点：比较简单，容易掌握。缺点：空中屈髋团身时间太长，减小了旋转半径，因而角速度加大，容易绕横轴向前回旋，失去腾空的稳定性，造成两腿过早地下落。另外，落地时身体前倾，使得两腿的高抬并向前伸的动作受到一定的限制。因此，这种姿势的效果较差。

（2）挺身式

腾空步后，摆动腿的大腿积极地下放，小腿向前、向下、向后弧形摆动，使髋关节伸展，两臂向下、向后上方摆振。这时留在身后的起跳腿与向后摆的摆动腿靠拢，臀部前移，胸腰稍向前挺，形成展体挺身的姿势。落地前，两臂由后上方向前、向下、向后方摆动，两腿向前摆，收腹举大腿，接着小腿前伸、上体前倾准备落地。

挺身式跳远的优点：由于空中挺身动作，能使体前肌拉长，有利于收腹举腿和伸腿落地，效果较蹲踞式要好。采用这种姿势时要注意以下几点：

① 不能片面地追求腰部后屈或反弓形，不然会使动作紧张，不利于空中平衡和稳定。

② 挺身动作要借助摆臂动作的配合维持平稳，并要有较长的时间。

③ 落地的折体动作不要做得太早，应先向前上方抬举大腿，然后上体前倾，小腿前伸。

4. 落地

落地的好坏，直接影响到跳远的距离，而且有可能影响身体健康。因此，它也是跳远技术中的一个重要环节。

在完成腾空动作后，两大腿向前提举，腿向前伸，同时臀部向前移动，上体前倾。两脚着地后迅速屈膝缓冲，借助向前的惯性作用，使身体尽快移过支撑点，避免后坐或后倒。

（二）跳远的教学步骤与练习方法

结合图片、挂图、录像等直观教具，讲解跳远的技术。教学动作练习时，应把快速助跑和合理有力的起跳相结合作为重点。

练习一：学习立定跳远的技术，要求两脚并立、屈膝半蹲、两臂后摆、上体前倾。然后两臂猛然向前上方挥摆，同时两腿用力蹬地，向上跳起，落地时屈膝下蹲。

练习二：学习助跑和起跳的技术，在跑道上进行 18 ～ 20 步助跑练习，确定助跑距离，掌握助跑踏板动作的练习。

练习三：学习上步模仿起跳，在跑道上连续做 3 步助跑起跳动作的练习。

练习四：在跑道上慢跑 3 ～ 5 步，做连续起跳和腾空步练习。在跳箱上做蹲踞式空中动作及落地动作的练习。

练习五：学习 4 ～ 6 步助跑起跳腾空步后，将起跳腿与摆动腿靠拢，收腹举腿尽量贴近胸部，成团身的蹲踞姿势，两脚同时落地。

练习六：学习从跳箱上做挺身式空中动作及落地的练习。助跑 6 ～ 8 步起跳后做挺身展体，再做收腹落地动作的练习。

练习七：学习做跳远全程助跑、起跳、腾空、落地的完整技术动作的练习。

第二节　球类运动

一、高校足球体能训练

（一）一般力量素质的训练

1.特点与训练要求

（1）特点

在高校足球训练中，学生应具有的力量素质主要有以下几个方面的特点：

① 良好的快速力量和爆发力

在足球比赛中，要求学生完成动作时既要有准确性，又要有突然性，如突停突起、突然变向、远射等。上述动作需要学生在极短的时间内完成。因此，良好的爆发力和快速力量训练水平，是学生专项力量素质的一个重要特点。

在足球运动中，以爆发力（以最快速度克服阻力的能力）为主的一种非周期性肌肉活动是学生的力量特点。所谓爆发力，是指在最短的时间内发挥出尽可能大的力量的能力。

② 良好的耐力

在足球比赛中，由于运动距离长，完成动作次数多，消耗能量大，因此学生常常要在较疲劳情况下不断地完成一定距离的快跑和冲刺跑后，再完成跳起争顶、合理冲撞、大力射门等力量性的动作。因此，没有良好的力量耐力训练水平是很难保证在完成这些动作时还能取得良好的效果。

③ 发挥力量能力时的肌肉工作方式较复杂

学生在发挥肌肉力量时常常是动力性力量和静力性力量相结合的。支撑脚的肌肉工作方式常常是退让性的静力性工作方式，而踢球脚的肌肉工作方式往往又是向心收缩的动力性工作方式。除此之外，在完成动作时以小肌肉群力量为主，如运球、颠球。而在远射、跳起争顶、合理冲撞时，则主要依靠大肌肉群工作。

④ 下肢力量和腰腹力量较为突出

在足球比赛中，学生完成动作时主要依靠脚和头，手臂不能触球。因此手臂力量要求相对较低，而下肢力量和腰腹力量要求较高。

（2）要求

肌肉生理横断面的面积、中枢神经系统发放冲动的强度与频率、专项所需的肌纤维质量、肌肉群之间的协调关系、骨杠杆的机械效率，是决定力量素质的主要因素。

采用大负荷、快速率的练习。由于刺激强度大，运动中枢发放神经冲动的强度和频率就高，就能有效地使肌肉在短暂时间里发挥出较大力量。

采用中等负荷练习使肌肉较多地重复收缩，可促使该肌肉中的肌纤维增粗、收缩肌蛋白增多，从而增大肌肉生理横断面积。

学生在足球比赛中既要有持续较长时间的耐力性力量，又要有在瞬间就能发挥出来的爆发力，因此要在全面提高红、白肌纤维质量的基础上，重视提高白肌纤维的质量。所以，在实际训练中，可根据采用不同负荷重量时参与活动的肌纤维也不相同的规律，进行有针对性的训练。

值得注意的是，在提高学生力量素质的训练中，应根据学生在比赛中的各种技术动作及其用力特点来选择恰当的训练方法。因此要遵循以下几点要求：

① 训练时须将速度放在首位

发展速度力量，要强调在快速的前提下逐步增加阻力，因此，宜采取阻力小、速度快为主的练习，伴以轻重结合、快慢交替的方式进行训练。发展速度力量耐力，同样也要注意动作速度，而且要在保证最大速度的前提下，增加阻力和重复次数，提高肌肉耐力。通过强调速度，可不断改善运动中枢的协调关系，使之建立快速的动力定型。加大阻力，一方面是为了增强神经冲动的传递，动员更多的肌纤维参与工作，使参与活动的肌纤维的百分比逐步加大，以增强肌肉力量；另一方面是促使肌肉组织的代谢过程加强，使肌肉发生结构和机能上的变化。除此之外，足球训练过程中，发展速度力量素质训练的重要因素主要包括学生承受负荷的大小、动作速度的快慢、重复次数的多少以及间歇的长短。正确处理它们之间的辩证关系，对力量的增长作用很大。

应结合足球运动的用力特点，并根据不同对象、不同训练任务合理安排。一般安排如下：发展绝对力量，多采用负荷大、次数少、组数多的训练；发展快速力量，采用中等负荷、重复次数少、练习组数较多的方法；发展速度力量耐力，采用中小负荷、重复次数多、组数少的方法。

② 要使参与运动的肌肉获得充分的锻炼

在足球运动的不同动作中，参与运动的肌肉也是各不相同的，只有使在运动中起作用的肌肉得到充分的锻炼，才会使训练收到预期的效果。足球运动中的动作很多，但不论哪一种动作都有一个对整个动作起决定性作用的关键环节。如正脚背大力射门，整个动作虽然比较复杂，但起决定作用的是摆动腿的前摆。这样就应该着重围绕前摆，使参与这一动作的肌肉得到较好的锻炼，即有效地发展屈髋的髂腰肌、伸膝的股四头等肌肉的力量，从而增加正脚背射门的力量。

③ 练习手段的用力必须符合专项动作肌肉收缩时的支撑条件

在足球运动的不同动作中，由于肌肉收缩时的支撑条件不尽相同，因此，练习手段的选择也需要尽量考虑这一因素。即给肌肉或支配肌肉的神经以足够的刺激，肌肉会出现收缩反应。在足球训练中，一定要具体分析肌肉收缩时的支撑，使练习手段的用力尽可能与专项动作协调一致。如要增大正脚背射门的力量，就应该选择踢重球、大力踢球以及踢拉橡皮筋等符合近固定的练习，而采用负重下蹲杠铃等练习，对提高摆动式踢球射门力量却没有明显的效果。虽然两者主要都是发展伸膝的股四头肌的力量，但由于肌肉收缩时的支撑条件不同，动力定型也不同，因此收效也是大不相同的。

除此之外，在进行速度力量的训练过程中，学生承受负荷的大小、动作速度的快慢、重复次数的多少以及间歇的长短是发展速度力量素质训练的重要因素。正确处理它们之间的辩证关系，对力量的增长作用很大。应结合足球运动的用力特点，并根据不同对象、不同训练水平和不同训练任务合理安排。一般做如下安排：

发展快速力量，采用中等负荷、重复次数少、练习组数较多的方法。

发展绝对力量，多采用负荷大、次数少、组数多的训练。

发展速度力量耐力，采用中小负荷、重复次数多、组数少的方法。

在以上内容中，强调动作速度是最重要的。尤其是对一些按完整技术动作增加阻力的练习，如果不注意保持动作的最大速率，就容易形成慢的动力定型。根据当前力量训练的发展趋向，应注意通过发展肌肉速度和肌肉耐力的训练来增强力量，改变过去那种片面追求大力量训练的做法。

2. 训练方法

（1）足球准备期力量素质的训练方法

提高全身力量水平和达到身体各个主要肌肉群的均衡发展，是学生准备期力量训练的主要任务。一般力量素质训练的周训练负荷结构一般为：每周进行 3 次力量训练课，隔日安排力量训练。一般采取以下几种训练方法：

① 徒手下蹲跳

训练目的：发展学生大腿和小腿后部肌群的力量。

动作方法：直立，双臂胸前交叉，直背抬头，双脚以肩宽间距站立。下蹲至大腿上面与地面平。

② 伸髋

训练目的：发展学生伸髋肌群的力量。

动作方法：面对滑轮阻力钢索站立，将一只脚的踝关节固定在阻力钢索上。一只手在体前扶住固定物体，一条腿直腿尽量远地向后上方向摆。背伸直，不要向前或后弯曲。向上运动时吸气，向下运动时呼气。练习 2 组，2 组每条腿各重复 15 次。

③ 髋外展

训练目的：发展学生大腿外侧肌群的力量。

动作方法：侧对滑轮阻力钢索站立，将一只脚的踝关节固定在阻力钢索上。双手在体前腰部高度握住固定支撑物体。腿伸直，膝关节固定，练习腿外展侧摆。背伸直，不要向左或右晃动。腿外展时吸气，返回时呼气。练习 2 组，2 组每条腿各重复 15 次。

④ 屈髋

训练目的：发展学生屈髋肌群的力量。

动作方法：背对滑轮阻力钢索站立，将一只脚的踝关节固定在阻力钢索上。双手在体前腰部高度握住固定支撑物体。腿伸直，膝关节固定，腿前摆至与地面平行。背伸直，不要向前或后弯曲。向上运动时吸气，向下运动时呼气。练习 2 组，2 组每条腿各重复 15 次。

⑤ 斜板屈膝仰卧起坐

训练目的：发展学生腹肌上部的力量。

动作方法：在斜板上仰卧，双脚固定稳定身体，双膝屈 45°，双手在头后，下颌贴胸。后仰上体直到腰部接触斜板。提起上体，重复练习，上体后仰时吸气，坐起时呼气。练习 1 ~ 2 组，每组重复 25 ~ 40 次。

⑥ 伸背练习

训练目的：发展学生腰部肌群的力量。

动作方法：双脚固定，在鞍马或高长凳上以髋部为支撑点下屈躯干至与地面垂直的姿势。将双手交叉于头后部，伸背至躯干与地面成稍高于水平位置的姿势。提起上体时吸气，落下时呼气。练习 3 组，每组最多重复 15 次。

⑦ 仰卧屈臂头后拉杠铃

训练目的：发展学生胸上部和躯干肋间肌群的力量。

动作方法：在长凳上仰卧，头部伸出凳子，双腿并拢，双脚平放地面。把杠铃杆放在胸部与乳头呈一线的部位，双手间距较窄，双肘尽量并拢。将杠铃沿贴近头部的半圆路线，向头部上方运动，尽量下降高度至地面。沿原运动路线将杠铃拉回胸部位置，完成系列动作。开始动作时吸气，完成时呼气。练习 4 组，4 组重复次数为 12、10、10、8 次。

⑧ 窄握下压

训练目的：发展学生肱三头肌外侧的力量。

动作方法：在练习器械前直立抬头，双手掌心向下以较小间距握住阻力钢索的把手横杠。提起上臂至体侧并保持这个姿势，使用前臂沿半圆路线下压把手横杠。下压时吸气，上抬时呼气。练习 2 组，2 组重复次数为 12、10 次。

⑨ 宽握引体向上

训练目的：发展学生躯干两侧肌群的力量。

动作方法：双手掌心对前方，以较宽间距直臂握住头上单杠使身体悬垂。向上拉引身体，力图使下颌接触单杠，返回开始姿势。拉引身体时吸气，下降时呼气。练习 3 组，每组最多重复 10 次。

⑩高提杠铃

训练目的：发展学生三角肌前部和斜方肌的力量。

动作方法：直立抬头，伸直双臂将杠铃贴在大腿前部。双手间距约一肩半宽，掌心向下握住杠铃。上提杠铃到下颌部位，肘关节外展，在躯干两侧上提到耳朵高度。到达最高处停顿片刻，再下降杠铃恢复开始姿势。上提时吸气，下降时呼气。练习3组，3组重复次数分别为12、10、8次。

（2）足球比赛期力量素质的训练方法

对于学生来说，保持在准备期达到的全身力量能力和身体各个主要肌肉群的均衡发展水平，是比赛期力量素质训练的主要任务。其周训练负荷结构一般为：每周进行2次力量训练课，隔1～2日安排力量训练，比赛前2日休息。一般采取以下几种训练方法：

① 高踏板坐蹬腿

训练目的：发展学生大腿上部肌群的力量。

动作方法：在腿部力量练习器上坐下，双脚蹬在较高位置的踏板上，大腿几乎垂直于地面。双手扶在臀部下方的扶手上，双膝略外展，蹬踏板伸直双腿。蹬伸时呼气，收腿时吸气。练习3组，重复次数为12、12、10次。

② 低踏板坐脚掌推

训练目的：发展学生小腿后部肌群的力量。

动作方法：在腿部力量练习器上坐下，双脚蹬在较低位置的踏板上。双手扶在臀部下方的扶手上，伸直双腿，用前脚掌前推踏板。前推时吸气，后退时呼气。练习3组，每组重复20～25次。

③ 臂撑起

训练目的：发展学生胸部肌群和肱三头肌的力量。

动作方法：双臂在双杠上悬空撑起身体，双臂和双腿伸直，肘关节向内。肩和肘关节屈曲下降身体到最低位置，稍停顿再伸直双臂撑起身体。返回开始姿势，重复练习。下降时吸气，上撑时呼气。练习2组，每组重复次数最多12次。

④ 垫高小腿仰卧起坐

训练目的：发展学生腹肌上部的力量。

动作方法：仰卧将小腿放在长凳上，大腿与身体成45°夹角。将双手交叉于头后部，尽量高地提起上体。提起上体时呼气，落下时吸气。如加大难度，可在躯干适当负重，练习1组，重复次数25～50次。

⑤ 挺举

训练目的：发展学生腿部、背部向上拉引和支撑力量。

动作方法：将杠铃放在地面上，双手以肩宽为间距握住杠铃杆。由下蹲姿势开始，腿、髋发力尽量向上提拉杠铃，上拉动作过程中脚跟尽量提起。当杠铃接近胸上部时降低身体重心，翻肩、翻腕支撑，固定杠铃在胸上部。身体成直立姿势，略微下蹲快速上举杠铃，双腿成弓箭步，直臂支撑杠铃。再成直立姿势支撑杠铃，然后返回开始姿势。练习2组，2组重复次数10、8次。

⑥桥形练习

训练目的：发展学生颈部前面、两侧和后部肌群的力量。

动作方法：跪地把头顶放在垫子上，双臂在胸前交叉，提起身体中部形成金字塔姿势。双腿尽量伸直，所有身体重量分布在头部和双脚。前后滚动头顶，使头部承受更大重量，然后左右滚动头顶。转动身体，使胸部和身体中部向上。重复前后滚动头顶，使头部承受更大重量，然后左右滚动头顶。练习1～2组，每组重复5～15次。

（二）一般速度素质的训练

所谓速度，是指人体对各种刺激反应的快慢，或者在单位时间内移动某一段距离或完成某一动作的能力。速度素质是身体素质训练中的一个特殊且重要的部分，它是训练者基本素质之一。

1. 特点与训练要求

（1）特点

①反应速度与特点

所谓反应速度，是指单位时间内学生对球、场区等刺激的应答能力。在足球比赛中，学生往往在事先无准备或准备不足的条件下，主要通过视觉感受器接受各种刺激（如各种不同性质的来球、瞬间出现的空当等），然后根据本队、本人技术和战术的需要，经过瞬间复杂的思维、判断，迅速采取行动。在整个反应过程中，不仅时间非常短促，而且学生所遇到的情况也非常复杂。

②位移速度与特点

所谓位移速度，是指学生在单位时间内的位移距离。

学生移动方向随机多变，移动距离长短不一，一般5～10米移动占85%～90%。移动形式也无一定规律，有直线、曲线、弧线、折线，同时还交替着快、慢以及走、停、跳跃、后退、侧跨等多种复合形式。

③动作速度及特点

所谓动作速度，是指练习者在单位时间内完成动作的幅度和数量。

在快速奔跑中，足球练习者要随时完成各种有球和无球动作，加之心理负担较重，因而动作节奏性较弱、应变性较强。完成动作时身体重心较低，肌肉常处于十分紧张的状态。

（2）要求

① 反应速度训练的要求

信号通过反射弧各环节所需的时间，决定了学生的反应速度。中枢神经系统的机能水平越高，信号通过反射弧的速度就越快。在足球速度素质的训练中，要经常利用突然发出的信号，提高学生对简单信号（视觉、听觉信号等）的反应速度，或采取移动目标练习（即学生对移动目标迅速做出应答反应）、选择性练习（让学生随着各种信号复杂程度的变化做出相应的应答动作）来提高学生中枢神经系统的机能水平。

肌肉处于紧张待发状态的反应速度要比放松状态时提高60% ~ 70%。所以训练中必须集中注意力、思想有准备，使肌肉处于相应的紧张状态。

此外，进行足球反应速度的训练，还必须同加强观察力训练密切结合起来。只有把提高视觉器官的机能与场上经常出现的情况结合起来进行反复练习，才能有效地提高足球专项所需的反应速度。

② 位移速度训练的要求

由于足球比赛中常做5 ~ 7米的起动，冲跑一般在10 ~ 30米，并要随时改变方向以控制球和应付突然变化的情况，所以要求学生必须掌握步频快、步幅小、重心低的奔跑技术；由于要做大量的起动、急停、变向、变速、转身等动作，要求学生具有出色的瞬时速度、角速度、加速度、最高速度和制动速度。因此，腿部、腰腹力量是学生练习足球必须着重发展的部位。

由于学生在快速奔跑中主要依靠非乳酸无氧代谢供能完成各种技术动作，所以提高学生的非乳酸无氧供能能力及ATP（高能磷化物）再合成能力是保证全场高速完成动作的关键。因此，训练时必须使学生的神经系统在一定范围内处于最兴奋状态，学生要用最大积极性，进行最大强度的重复练习，有效刺激和提高中枢神经兴奋与抑制的转换能力。在进行最大强度重复练习时，为保证每次练习学生神经系统和能量供应均处于最佳状态，要严格控制好间歇时间。一般每进行10秒疾跑，间歇时间为30秒，组间歇为6 ~ 8分钟。

除此之外，在进行训练时，还应创造一定的充分条件来突破"速度障碍"。如下坡跑、借助外力的牵引跑，以促进学生有效地建立更快的"动力定型"，达到破坏或削弱"速度障碍"的目的；同时注意发展和提高学生"三蹬"的爆发力。

③ 动作速度训练的要求

提高学生的动作速度，主要在于提高参与各种动作的肌肉爆发力和动作之间的衔接技术。只有通过力量训练和反复快速地完成各种技术练习，提高学生有球和无球技术的熟练程度，才能在比赛中轻松自如、协调合理、快速准确地完成技术动作。此外，着重提高白肌纤维的体积和质量，增强肌肉的可塑性、可伸展性及肌肉群内部和肌肉群间的协调性等，也有利于提高动作速度。

总而言之，不论发展位移速度还是动作速度，都要遵循如下原则：用最大强度重复完成练习，打破"速度障碍"建立快速的动力定型。

反应速度与位移速度、动作速度之间几乎没有内在联系，因此在进行速度素质训练时，既要提高位移速度和动作速度，又要专门发展反应速度。

2.训练方法

①进行 10～30 米的各种姿势的起跑训练。采用站立式、蹲踞式、侧身式、背向站立、坐地、坐地转身、俯卧、仰卧、滚翻后、原地跳跃（模仿跳起顶球动作）等姿势做起跑练习。

②在活动情况下进行 5～10 米的突然起动练习。在小步跑、慢跑、高抬腿跑、侧身跑、颠球、顶球、传球等情况下，快速起动跑。

以上两种练习以视觉信号（如手势、球等）为宜，以提高反应速度和起动速度。

③做全速、变向、变速运球跑练习。

④60～80～100 米的全速跑、加速跑、提高位移速度。

⑤追球射门，要求两名学生为一组，可分为若干组在中圈外的中线两侧站好，利用两球门同时练习，球集中于中圈教师脚下。当教师将球向一个球门方向踢出时，两翼学生快速起动追球射门，要求未控球学生必须紧迫持球学生，并在持球学生射门后向前跑至球门线处，以利于发展速度和加强补门意识。

⑥提高动作速度的训练。

一是规定最高速度指标的练习，如在教师限定的时间内快速完成传—接—传、运—传—接—射门等动作，以建立快速动力定型。

二是提高肌肉感觉的快速精确分析机能练习，两人或多人一组，在连续奔跑中完成同一传接球练习。

三是加大训练的密度，如在较小场地内做 2 对 2、3 对 3 的传抢练习。

⑦利用快速小步跑、高抬腿跑、下肢跑和牵引跑等练习，促使学生突破"速度障碍"，提高位移速度。

⑧在快速跑中看教师手势，或抛球等信号，做急停、转身、跳跃、翻滚以及变向等动作。

⑨采用后蹬跑、单腿侧蹬跑、短距离转身跑、各种追逐球跑等，发展爆发力。

⑩在长约 20 米的距离内，设置不同距离间隔和有方向变化的标杆或锥体，让学生以尽可能快的速度做绕杆跑，发展学生绕过对手的快跑能力。

（三）一般耐力素质的训练

1.特点与训练要求

（1）特点

所谓耐力，是指人体保持长时间运动的能力，或叫作抗疲劳和疲劳后迅速消除的能力。

关于学生耐力的分类，常将其分为两种：一般耐力（有氧耐力）和专项耐力（无氧耐力）。即把足球场上所表现的中小强度奔跑及相应的肌肉活动归为有氧耐力，把大强度连续反复快跑及伴随的肌肉活动列为无氧耐力。

在足球比赛中，学生的活动形式主要有两种：一种是进行适当强度的延续到整个比赛时间的有氧代谢运动，在负荷强度下降时，氧开始与肌肉中的糖、自由脂肪酸结合，再生成大量的 ATP 满足肌肉活动需要；另一种是以最大强度进行，每次持续 6～9 秒的无氧代谢运动（如快速起动、全速跑、冲刺跑等）。最大强度运动靠肌肉内高能磷化物（ATP、CP）快速分解供能，而肌肉内 ATP 和 CP 含量有限，供能时间最多不超过 10 秒。因此，学生在进行一定时间的（最）大强度活动后必须换以中小强度活动来交替间歇，以恢复肌肉再次（最）大强度活动的能量供应。所以说，学生的专项耐力是建立在冲刺快跑时的 ATP、CP 的无氧分解和主要在间歇时有氧再合成的供能基础上的。它是一种非周期性不规则的、有氧与无氧混合供能、大小强度和快慢速度交替的速度耐力，其中短距离反复冲刺跑是最突出的速度耐力训练方法。

（2）要求

① 足球无氧耐力的基本要求

在耐力素质训练中，学生的无氧代谢能力（即无氧糖酵解能力）决定着其无氧耐力水平、机体组织抗乳酸能力、能源物质（主要是 ATP 和 CP）的储备和支撑运动器官的功能。

② 足球有氧耐力的基本要求

无氧以有氧为基础。良好的有氧耐力训练水平，不仅能充分利用机体内的能源物质，还可使机体的摄氧、输氧、用氧能力得到提高，有利于较快消除非乳酸和乳酸氧，起到延缓疲劳出现和加速机体恢复的重要作用。

2. 训练方法

提高学生的摄氧、输氧及用氧能力，保持体内适宜糖原和脂肪的储存量，以及提高肌肉、关节、韧带等运动器官对长时间负荷的承受能力，是提高学生一般耐力的基本途径。

（1）肌肉耐力训练

肌肉耐力练习的内容与力量练习大致相同，只是负荷的强度较小，练习持续的时间、反复次数要长和多。

① 仰卧起坐

仰卧两手抱头起坐，连续做 50 次为一组。起坐时要快，仰卧时要缓和，连续不间断进行。也可在起坐同时两腿屈膝上抬，收腹。

② 连续引体向上或屈臂伸

连续在单杠上做引体向上或双杠上做屈臂伸。每组 20～30 次，4～6 组。

③ 收腹举腿静力练习

在双杠、吊环或垫上做收腹举腿（直角支撑）动作，每次静止 1～2 分钟。静止时躯干与大腿间的夹角不能大于 100°，静止时间由 30 秒开始，逐渐增加。

④ 俯卧撑或俯卧撑移动

在垫上连续做俯卧撑 30 次为一组，4～6 组，或成屈臂俯卧撑姿势，用双臂双脚力量左右移动，每组 20～30 次，4～5 组。俯卧撑时身体要保持伸直。移动时始终保持屈臂俯卧撑姿势。

⑤ 1 分钟立卧撑

由直立姿势开始，下蹲两手撑地，伸直腿成俯撑，然后收腿成蹲撑，再还原成直立。

⑥ 连续半蹲跑

成半蹲姿势，向前跑进 50～70 米，不规定速度，走回来时尽量放松。

⑦ 连续深蹲跳

原地分腿站立，连续做原地深蹲跳起或在草地上向前深蹲跳。要求落地即起。

⑧ 连续跑台阶

在高 20 厘米的楼梯或高 50 厘米的看台上，连续跑 30～50 步。跑 20 厘米高的楼梯，每步跑 2 级。要求动作不能间断，但不规定时间，向下走时尽量放松，心率恢复到 100 次 / 分钟时可开始下一次练习。

⑨ 重复爬坡跑

在 15° 的斜坡道或 15°～20° 的山坡上进行上坡跑，重复 5 次或更多些，跑距 250 米或更多些。

⑩ 连续换腿跳平台

平台高度 30～45 厘米，单脚放在平台上，另一脚在地上支撑，两脚交替跳上平台各 30～50 次。要求两臂协调配合，上体正直。

⑪ 后蹬跑

做后蹬跑，每次 100～150 米，或负重后蹬跑，60～80 米。

⑫ 沙滩跑

在沙滩上做快慢交替自由跑，每组 500～1 000 米，也可穿沙背心跑，速度变化和要求可因人制宜。

⑬ 逆风跑或负重耐力跑

遇飓风天气（风力不超过五级）可在场地或公路上做持续长距离逆风跑，也可做 1 000 米以上的重复跑。

⑭ 原地间歇高抬腿跑

原地或前支撑做高抬腿跑练习。要求动作规范，不要求时间，但动作要不间断地完成。

⑮ 长距离多级跳

在跑道上做多级跳，每组跳 80～100 米，30～40 次，3～5 组，组间歇 5 分钟。如果规定完成时间，强度会大大提高，注意组间的恢复情况。

⑯沙地负重走

沙滩上，肩负杠铃杆，或背人做负重走。

⑰沙地后蹬跑或跨步跳

沙滩或沙地上做后蹬跑或跨步跳，每组后蹬跑 80 ~ 100 米。

⑱半蹲连续跳

在草地上做连续向前双脚跳，落地成半蹲，落地后迅速进行第二次。

⑲负重连续转跳

肩负杠铃杆等轻器械做连续原地轻跳或提踵练习。

⑳水中支撑高抬腿

在 40 ~ 50 厘米深的浅水池中，两手扶池壁前倾支撑做高抬腿练习，每组 50 次。也可在水中行进间后蹬跑穿插进行。

（2）有氧耐力训练

①定时走

按规定的时间在场地、公路或其他自然环境中做自然走或稍快些的自然走训练。一般走 30 分钟左右。

②定时跑

在场地、公路或树林中做 10 ~ 20 分钟或更长时间的定时跑训练。

③定时定距跑

在场地或公路上做定时跑完固定距离的训练。如要求在 14 ~ 20 分钟内跑 3 600 ~ 4 600 米。

④变速跑

在场地上进行。慢跑段、快跑段距离也根据专项任务和要求进行决定。一般常以 400 米、600 米、800 米、1 000 米等段落进行。

⑤重复跑

在跑道上进行，重复跑的距离、次数与强度也应根据专项任务与要求而定。发展有氧耐力重复跑强度不应大，跑距应较长些。一般重复跑距为 600 米、800 米、1 000 米、1 200 米等。

⑥越野跑

在公路、树林、草地、山坡等场地进行。距离要求，一般在 4 000 米以上，多可达 10 000 ~ 20 000 米。

⑦法特莱克跑

在场地、田野、公路上进行，自由变速的越野跑或越野性游戏。最好在公园、树林中进行，约 30 分钟，也可更长些时间。

⑧ 登山游戏或比赛

在山脚下听口令起动，规定山上终点的标记，可以自选路线登山或规定路线登山。可进行登山比赛或途中安排些游戏，如埋些"地雷"，规定各队要找出几个"地雷"后集体到达终点，早者为胜等。

⑨ 水中快走或大步走

在深 30 ～ 40 厘米的浅水池中，做快速走或大步走练习，每组 200 ～ 300 米或 100 ～ 150 步，4 ～ 5 组。

⑩ 连续踩水

在游泳池深水区，手臂露出水面做踩水练习。也可以要求肩部露出水面，加大难度。

⑪ 水中定时游

不规定游泳姿势及速度，规定在水中游一定的时间，如不间断地游 15 分钟、20 分钟等。要求不间断地游。

⑫ 沙地连续走或负重走

海滩沙地徒手快走或负重（杠铃杆或背人）走。徒手快走每组 400 ～ 800 米，负重走每组 200 米。

⑬ 3 分钟以上跳绳或跳绳跑

在跑道上做两臂正摇原地跳绳 3 分钟或跳绳跑 2 分钟。要求每次结束时，心率在 140 ～ 150 次 / 分钟，恢复至 120 次 / 分钟以下开始下一次练习。

⑭ 5 分钟以上的循环练习

根据专项选择 8 ～ 10 个练习，组成一套循环练习，反复循环进行 5 分钟以上。

⑮ 长时间划船

连续不间断地进行 20 分钟以上的划船。

二、高校篮球体能训练

（一）篮球运动的力量训练

1. 篮球运动力量的特点及训练要求

（1）篮球运动力量的种类

按运动时肌肉克服阻力的表现形式，运动训练学将力量分为速度力量、最大力量和力量耐力三大类。速度力量（爆发力）是指运动过程中肌肉在尽可能短的时间内发挥强大力量快速克服阻力的能力。最大力量是肌肉克服最大阻力的能力，也叫绝对力量。力量耐力是指肌肉长时间克服一定阻力而保持准确有效工作的能力。而发展速度力量和爆发力是篮球运动力量训练的核心，最大力量和力量耐力训练的设计和实施也都要围绕着这一目标。

（2）篮球运动力量的特点

对于篮球运动者来说，全面发展力量素质是保证完成各项技术动作的基础，它要求运动者的上下肢、腹部和背部肌群均衡发展。在48分钟的比赛中，不管是对学生的奔跑能力、跳跃能力还是对抗能力都有很高的要求，也就是说，对肌肉速度、肌肉力量和肌肉耐力都有很高的要求。

人体要发挥最大力量和最大爆发力，是通过各运动环节、各工作肌群间的协调配合与共同用力的综合结果。要让运动者跳得高、跑得快，对抗强度只是训练腿部肌肉或主动肌是不够的，应对影响躯干力量的腰腹肌和背肌、对抗肌和协同肌进行加强训练，因为这些肌群对篮球运动者的体能与比赛能力都非常重要。

（3）篮球运动力量训练的要求

篮球运动者要在符合篮球运动特点的前提下进行力量训练。例如，下蹲的力量性质与篮球急停起跳力量相差很远。篮球运动者的膝关节损伤通常是由缓冲力量（退让力量）不足造成的，而并非伸膝力量不足造成的。篮球运动者在选择力量训练的练习手段时，要注意肌肉收缩方式和篮球运动相一致。在进行力量训练时，要选择与篮球运动技术结构相一致的动作方法，力求将运动者的最大力量、快速力量转化为篮球基础力量训练的能力，即跑跳能力和对抗能力。

2. 篮球运动力量训练的方法

（1）最大力量训练方法

通过增大肌肉横断面增加肌肉收缩力量和改善肌肉的协调能力；提高神经系统对肌肉工作的指挥能力，让更多运动单位参加工作，是发展篮球运动者最大力量的两个主要训练途径。在运动训练时，应先进行增加肌肉横断面的力量训练，然后进行肌肉内协调能力的训练。

① 增加肌肉横断面的最大力量训练

采用这个训练方法必须科学地确定负荷强度、练习的次数与组数、练习的持续时间及组间休息的时间。训练中一般采用运动者本身60%～85%的最大极限负重强度，完成一次动作在4秒钟左右，做5～8组，每组4～8次；组间休息时间一般控制在基本消除上一组肌肉练习所产生的疲劳之后。

② 提高肌肉协调能力的最大力量训练

这种训练方法一般采用运动者本身85%以上的最大极限负重强度，完成一次动作在2秒钟左右，做5～8组，每组1～3次；组间休息时间控制在3分钟左右或者更长。

③ 静力性训练和等动性训练

静力性训练一般采用大强度和极限强度进行练习，每次动作持续时间为5～6秒钟，总的练习时间应该控制在15分钟之内。等动性训练的运动速度保持不变，肌肉都能在训练过程中发挥出较大力量，训练强度要大，每组练习4～8次，做5～8组；组间休息时间要充分。

（2）速度力量训练方法

①负重训练方法

负重训练时负荷强度要适宜。为兼顾速度和力量的双重发展，多采用运动者本身40%～80%的最大力量强度；每组练习5～10次，做3～6组（以不降低速度为限来确定组数）；较充分的休息时间，一般为2～3分钟。

②不负重练习方法

不负重训练主要选择发展下肢速度力量的跳深和跳台阶练习，以及发展上肢和躯干速度力量的快速练习。

（3）力量耐力训练方法

力量耐力的发展不仅依靠肌肉力量的发展，还依赖血液循环的加速、呼吸系统机能的提高和有氧代谢能力的增强。

发展克服较大阻力的力量耐力，可采用运动者本身最大力量75%～80%的负荷；而发展克服较小阻力的力量耐力，则最小负荷不能低于运动者本身最大负荷强度的35%的负荷强度。通常以每组达到极限重复次数来确定练习的组数。如果采用动力性练习，则要以完成预定次数、组数为其练习持续时间；如果采用静力性练习，单个动作的练习持续时间则为10～30秒。组间休息时间控制在未完全消除疲劳的情况下就可以进行下一组练习。

（二）篮球运动的速度训练

1. 篮球运动速度的特点及训练要求

（1）篮球运动速度的种类

按照动作过程可以将篮球运动过程中的速度分为动作速度、反应速度和移动速度。反应速度就是从外部接受各种刺激到开始动作的时间；动作速度是完成篮球技术动作的速度；移动速度则是篮球运动者在单位时间内的最大位移。三种速度之间有着密切的关系，技战术的速度和实施也直接受到动作速度、反应速度和位移速度的影响。

（2）篮球运动速度的特点

篮球的跑与田径的跑存在很多差异。在篮球运动中，跑动时既要看准同伴，又要观察对手；既有普通的跑步，又有不同形式的滑步；既有向前跑，又有背身跑；既有正向跑，又有侧向跑；等等，各种形式的跑法都对篮球运动的速度训练提出了很高的要求。

篮球运动速度的特点表现为：

①身体重心低，反复变速变向。

②连续往返的快速冲刺。

③起动速度快，需要较强加速度能力，长时间变速能力强。

（3）篮球运动速度训练的要求

篮球运动者速度的起动速度、加速跑速度和速度耐力的训练是重点。因为篮球场只有28米长、15米宽，范围是有限的，所以要清楚地认识到在有限的范围内影响这类速度的主要因素是躯干的固定平衡力量与膝、髋、踝关节的爆发力与上肢的摆动力量。因此在篮球运动者进行速度训练时应注意：

①培养篮球运动者对时空的反应判断能力，以提高反应起动速度。

②着重发展动作的频率。

③快速跑动应与技术动作协调。

④速度训练应安排在训练前期进行。

2. 篮球运动速度训练的方法

篮球运动者的速度训练要与其他手段相结合进行，比如与发展最大力量、速度力量和完善动作技术（起动、滑步和急停等）结合。篮球运动者的速度训练应着力于提高场上的起动和快跑能力、无氧供能能力。

（1）反应起动速度训练

篮球运动中的反应起动速度主要是结合专项技术动作结构，并与其保持一致的速度练习，其训练方法主要有：

①可采用起动跑、追逐球、运球起动等练习来缩短运动各环节，特别是关键环节的反应时间。

②增强完成专项动作的能力，增加技术动作的信息量，提高人体对技术动作的感知能力，培养运动意识，缩短反应时的潜伏期。

（2）动作速度训练

发展篮球运动动作速度的重点是提高关键技术环节的速度，其训练方法主要有：

①对单个动作的关键环节和组合动作的衔接动作进行反复的训练，提高衔接动作速度，从而缩短完成动作的时间。经常练习的方式有投篮快出手、传球时手指手腕爆发用力。

②提高完成动作的频率可采用在规定完成的动作次数中缩短完成的时间，或者在规定时间内完成动作的次数，如对墙传球 1 分钟完成 60 次。

（3）移动速度训练

影响篮球运动移动速度的主要因素是运动的频率和技术动作的幅度。所以，发展篮球运动者移动速度的主要方法是提高运动频率和运动幅度。在保证一定动作幅度的情况下，可以通过技术改进提高身体素质，在一定时间内尽量多地完成各种动作次数来提高动作频率，如直线运球往返上篮要求 10 秒以内完成。而提高运动幅度的训练主要是对技术动作的改进，提高肌肉的伸展性、肌肉的力量素质以及关节的灵活性，充分利用运动者的身体条件，如中线快速三步跨跳上篮。

（三）篮球运动的灵敏训练

篮球运动者的灵敏素质实质上是经过视觉感受在大脑皮层神经过程的转换，使已形成的各种准确有效的动作动力定型适应突然变化的运动情况。也就是说，篮球运动者的灵敏素质包含有快速的反应过程和较准确的运动过程。灵敏素质有助于掌握、运用各种复杂技战术和提高场上的应变能力，对篮球运动有着重要作用。

1. 篮球运动灵敏的特点及训练要求

（1）篮球运动灵敏素质的种类

灵敏素质从其与专项运动的关系来看，可分为一般灵敏素质和专项灵敏素质。

① 一般灵敏素质

一般灵敏素质是指人在各种活动中，在突然变换的条件下，迅速、准确、合理地完成各种动作的能力。它是专项灵敏素质发展的基础。

② 专项灵敏素质

专项灵敏素质是学生在专项运动中，迅速、准确、协调自如地完成本专项各种技术动作的能力。它是在一般灵敏素质的基础上，多年重复专项技术，提高专项技能的结果。

篮球一般要求躲闪、突然起动、急停、迅速改变身体位置、切入、运球过人、跳起空中投篮、争夺篮板球等方面所表现的灵敏素质。

（2）篮球运动灵敏的特点

① 精确性高，动作反应快

篮球运动者专项灵敏素质的精确性，反映自身运动与周围环境的感知能力。不仅要求视觉宽阔和目标的准确性，而且要求反应的快速性，表现为准确的投篮得分。

② 运动时空感觉强

篮球运动的灵活性，要求学生能感觉得到内在结构和由此而产生的快速协调与精确性的协调。在精确地完成动作的同时不降低速度要求。通过人体的本体感觉控制学生的身体姿势和平衡能力，例如，在行进间急停跳投中，控制平衡能力强、速度快是投篮命中率高的重要保证。另外，篮球运动者的空间感觉好，优秀的篮球运动者对球场的位置感、距离感、球感、节奏感、灵敏感强，能感知球的落点、同伴和对手的位置、同伴和对手所能达到的空间高度和远度。

通常来说，篮球运动者的灵活性存在个性差异。前锋、中锋和后卫，在时间和空间的灵活性的要求上侧重点不同，它是篮球运动者的特殊体形所决定的。

（3）灵敏素质训练的要求

① 加强灵敏素质训练，特别要大力发展与灵敏相关的某些专项素质，如速度、柔韧、协调、弹跳等，为篮球训练的专项化全面打好基础。

② 不宜过早地进行专门化训练。

③ 经常进行篮球专项的脚步动作练习，提高身体重心的转换能力，从而提高神经过

程的转换速度,在神经中枢的参与下使手脚协调配合,完成各种高难动作。

④灵敏素质的负荷强度较大,持续时间不宜过长。练习安排应放在每次课精力最充沛的阶段,避免在身体疲劳和大脑不兴奋状态下安排练习。

⑤篮球运动灵敏素质要求特别重视专项灵敏素质的发展。应使学生了解篮球运动技术、战术的时空特征,从而能在复杂的条件下随机应变。

⑥加强弹跳训练,并提高人体在空中的控制能力。

2. 篮球运动灵敏训练的方法

①分解训练方法。主要通过各种基本技术动作、战术配合的分解和完整组合的训练,提高学生的各种感觉(球感、用力感、距离感、动作感、速度感等),如各种基本技术和基础配合训练。

②全面发展各项身体素质,特别是对形成灵敏素质有重要影响的相关素质,如快速的反应起动速度、协调的手脚配合和良好的爆发性弹跳速度等。

③形成最有利的篮球专项移动动作的姿势,提高各种运动动作的平衡和身体重心的转移能力。如持球的基本姿势、防守的基本姿势,采用滑步、抢断球、交叉步、变向跑、变速跑等发展身体重心的转移能力。

第六章　高校体育武术与太极拳训练

第一节　武术

一、武术概述

（一）武术的特点

武术是以技击为主要内容，以套路和搏斗为运动形式，注重内外兼修的中国传统体育项目。由于武术内容丰富多彩，对于不同的拳种和器械，它们的动作结构、技术要求、运动风格和套路运动量都各有不同的特点。但究其共性可以将其归纳为四个方面。

1. 以套路运动为主

根据拳种和器械的不同，套路有长有短、有刚有柔，有单练和对练，风格不同各具特色。通过套路运动的练习，有利于发展人体的速度、力量、灵敏、协调和耐力等素质，培养人的勇猛、顽强、坚忍不拔的意志品质。

2. 动作具有攻防的性质

武术的动作和练法中有踢、打、摔、拿、击、刺等动作，它是组成武术套路的主要内容，具有不同的使用特点和攻防规律。人们通过武术锻炼，不仅能够达到增强体质的目的，而且能够掌握一些搏斗的攻防技术。

3. 具有内外合一、形神兼备、节奏鲜明的运动特色和民族风格

由于武术动作是从格斗攻防技术中提炼出来的，因此要求手到眼到，手眼紧密配合；手脚相随，上下协调；意领身随，以气催力；意识、呼吸、动作必须内外合一、形神兼备；动则快速有力，静则稳如磐石，动静有韵律，节奏非常鲜明。这就构成了武术所固有的运动特色，形成了群众喜爱的民族风格。

4. 具有广泛的适应性

武术的内容和练习形式丰富多彩，不同类别的武术项目其练功方法、动作结构、运动负荷和风格不尽相同，分别适应不同年龄、性别、体质的需要，人们可以根据自己的条件和兴趣爱好加以选择。同时，武术运动不受时间、季节、场地的限制，这种广泛的适应性给普及武术运动创造了有利条件。

（二）武术的作用

1. 培养道德情操，树"武德"的作用

武德，即武术道德，是从事武术活动的人在社会活动中所应遵循的道德规范和所应有的道德品质。尚武崇德的精神可以培养年轻人尊师重道、讲礼守信、宽以待人、严于律己等良好的心理素质和高尚的道德情操。习武练功特别需要吃苦耐劳、持之以恒的精神。它不仅能培养坚忍不拔、自强不息的意志品质，也是一种修身养性的重要手段，这是中华武术重礼仪、讲武德的优秀传统，我们还要一代一代地发扬光大。

2. 起到强身健体的作用

武术注重内外兼修，经常习武不仅提高人体的速度、力量、柔韧、耐力和灵敏等六大身体素质，而且能改善人体神经系统、呼吸系统、循环系统、消化系统、运动系统的机能。例如，长拳类套路包括屈伸、回环、跳跃、平衡、翻腾、跌扑等动作，提高肌肉的力量、韧带的伸展性，使得人体各个器官都得到了锻炼。再例如，太极拳可以达到祛病强体、振奋精神、延年益寿的作用。

3. 提高防身自卫的能力

武术的特点之一就是以技击动作为主要内容。通过长年习武，不仅能掌握各种踢、打、摔、拿、击、刺等技击方法，而且能提高人体的技能，增加击打的速度、力量，以及抗击打的能力，克敌制胜，提高防身自卫能力。

4. 丰富文化生活

武术表演具有很高的观赏价值。拳术和器械套路演练动迅静定的节奏美，内外合一、形神兼备的和谐美让人赞不绝口。散打对抗中双方激烈的争夺、敢打敢拼的斗志，都可以给人一种美的享受和精神上的激励。武术活动讲究"以武会友"，切磋技艺，扩大交往，增进国内外人民的友谊，丰富人民群众的文化生活。

二、武术的基本要求

（一）正确掌握图解知识

武术图解，是指记载武术的动作和套路的图与文字，用图来描绘动作的形象和身体各部的运动路线，用文字来说明动作详细过程和要领。正确掌握武术图解知识，对自修能力的培养和技术水平的提高都有重要意义。

① 动作路线。图中一般用虚线或实线表示该部位下一动作行进的路线，箭尾为起点，箭头为止点。有的图上、下肢的运动路线都用虚线，有的上、下肢分别用实线和虚线表示，虽然用法不一，但作用是一致的。

② 术语的运用。为了简练，图解中的文字说明中，常用术语来解释动作。如步法中的上步、退步、插步，步型中的弓步、马步、仆步等，有的从简说明，有的只用术语，需

要时对照图解自行查阅。

③附图。图中有的动作除了用一个图描绘外，还增加一个起补充作用的"附图"，可以全方位地了解动作。

（二）重视基本功训练

广大武术前辈在长期的练习实践中积累了很多行之有效的训练手段，逐步形成了一整套由浅入深、完整而系统的基本功和基本动作。通过基本功和基本动作练习，可使身体各部位得到全面的训练，为提高拳术和器械套路技术水平打下良好的基础。

（三）突出器械和拳术练习的特点

①寓技击于体育之中。武术最初作为军事训练手段，在实用中其目的在于杀伤制伏对方，武术作为体育运动，技术上仍不失攻防技击的特性。

②内外合一、形神兼备的民族风格，既讲究形体规范，又求精神传意、内外合一的整体观，是中国武术的一大特色。以"手眼身法步，精神气力功"八法的变化来锻炼身心，其中还受中国古代哲学、医学、美学等方面的渗透和影响。

③广泛的适应性。武术的练习形式、内容丰富多样，不同的拳种、器械有不同的动作结构、技术要求、运动风格和运动量，分别适应不同年龄、性别、体质的需求。同时对场地、器材的要求较低，一般来说受时间、季节限制也较小，利用这一特点，我们可使武术运动进一步社会化。

（四）练习步骤

①跟练与自练相结合。课堂上学习时，除了教师领做外，应及时通过自练，由少到多地逐步完成教学内容。课后应多看教材，以巩固课堂内容。

②自练与表演、比赛相结合。课外练习中，除应重视基本功和基本动作外，还应经常参加表演和比赛，提高心理素质，增加临场经验。

三、初级长拳（第三路）武术套路

（一）动作名称

①预备动作。虚步亮掌；并步对拳。

②第一段。弓步冲拳；弹腿冲拳；马步冲拳；弓步冲拳；弹腿冲拳；大跃步前穿；弓步击掌；马步架掌。

③第二段。虚步栽拳；提膝穿掌；仆步穿掌；虚步挑掌；马步击掌；叉步双摆掌；

弓步击掌；转身踢腿马步盘肘。

④第三段。歇步抡砸拳；仆步亮掌；弓步劈拳；换跳步弓步冲拳；马步冲拳；弓步下冲拳；叉步亮掌侧踹腿；虚步挑拳。

⑤第四段。弓步顶肘；转身左拍脚；右拍脚；腾空飞脚；歇步下冲拳；仆步抡劈拳；提膝挑掌；提膝劈掌弓步冲拳。

⑥结束动作。虚步亮掌；并步对拳。

⑦还原。

（二）动作说明

1.预备动作

两脚并步站立，两臂垂于身体两侧，五指并拢贴靠腿外侧，眼向前平视。

要点：头要端正，须微收，挺胸，塌腰，收腹。

（1）虚步亮掌

①右脚向右后方撤步成左弓步。右掌向右、向上、向前划弧，掌心向上；左臂屈肘，左掌提至腰侧，掌心向上。目视右掌。

②右腿微屈，重心后移，左掌经胸前从右臂上向前穿出伸直；右臂屈肘，右掌收至腰侧，掌心向上。目视左掌。

③重心继续后移，左脚稍向右移，脚尖点地，成左虚步。左臂内旋向左、向后划弧成勾手，勾尖向上；右手继续向后、向右、向前上划弧，屈肘抖腕，在头前上方成亮掌（即横掌），掌心向前，掌指向左。目视左方。

要点：三个动作必须连贯。成虚步时，重心落于右腿上，右大腿与地面平行。左腿微屈，脚尖点地。

（2）并步对拳

①右腿蹬直，左腿提膝，脚尖里扣，上肢姿势不变。

②左脚向前落步，重心前移。左臂屈肘，左勾手变掌经左肋前伸；右臂外旋向前下落于左掌右侧，两掌同高，掌心均向上。

③右脚向前一步，两臂下垂后摆。

④左脚向右脚并步，两臂向外向上经胸前屈肘下按，两掌变拳，拳心向下，停于小腹前。目视左侧。

要点：并步后挺胸、塌腰。对拳、并步、转头要同时完成。

2.第一段

（1）弓步冲拳

①左脚向左上一步，脚尖向斜前方；右腿微屈，成半马步。左臂向上向左格打，拳眼向后，拳与肩同高；右拳收至腰侧，拳心向上。目视左拳。

②右腿蹬直成左弓步。左拳收至腰侧，拳心向上；右拳向前冲出，高与肩平，拳眼向上。目视右拳。

要点：成弓步时，右腿充分蹬直，脚跟不要离地。冲拳时，尽量转腰顺肩。

（2）弹腿冲拳

重心前移至左腿，右腿屈膝提起，脚面绷直，猛力向前弹出伸直，高与腰平。右拳收至腰侧；左拳向前冲出。目视前方。

要点：支撑腿可微屈，弹出的腿要用爆发力，力点达于脚尖。

（3）马步冲拳

右脚向前落步，脚尖里扣，上体左转。左拳收至腰侧，两腿下蹲成马步，右拳向前冲出。目视右拳。

要点：成马步时，大腿要平，两脚平行，脚跟外蹬，挺胸、塌腰。

（4）弓步冲拳

①上体右转90°，右脚尖外撇向斜前方，成半马步。右臂屈肘向右格打，拳眼向后。目视右拳。

②左腿蹬直成右弓步。右拳收至腰侧；左拳向前冲出。目视左拳。

要点：与本节的弓步冲拳相同，唯左右相反。

（5）弹腿冲拳

重心前移至右腿，左腿屈膝提起，脚面绷直，猛力向前弹出伸直，高与腰平。左拳收至腰侧，右拳向前冲出。目视前方。

要点：与前弹腿冲拳相同。

（6）大跃步前穿

①左腿屈膝。右拳变掌内旋，以手背向下挂至左膝外侧，上体前倾。目视右手。

②左脚向前落步，两腿微屈。右掌继续向后挂，左拳变掌，向后向下伸直。目视右掌。

③右腿屈膝向前提起，左腿立即猛力蹬地向前跃出。两掌向前向上划弧摆起。目视左掌。

④右腿落地全蹲，左腿随即落地向前铲出成仆步。右掌变拳抱于腰侧，左掌由上向右向下划弧成立掌，停于右胸前。目视左脚。

要点：跃步要远，落地要轻，落地后立即接做下一个动作。

（7）弓步击掌

右腿猛力蹬直成左弓步。左掌经左脚面向后划弧至身后成勾手，左臂伸直，勾尖向上；右拳由腰侧变掌向前推出，掌指向上，掌外侧向前，目视右掌。

（8）马步架掌

①重心移至两腿中间，左脚脚尖内扣成马步，上体右转。右臂向左侧平摆，稍屈肘，同时左勾手变掌由后经左腰侧从右臂内向前上穿出，掌均朝上。目视左手。

②右掌立于左胸前，左臂向左上屈肘抖腕亮掌于头部左上方，掌心向前。目右转视。

要点：马步同前。

3.第二段

（1）虚步栽拳

①右脚蹬地，屈膝提起；左腿伸直，以前脚掌为轴向右后转体180°。右掌由左胸前向下经右腿外侧向后划弧成勾手；左臂随体转动并外旋，使掌心朝右，目视右手。

②右脚向右落地，重心移至右腿上，下蹲成左虚步。左掌变拳下落于左膝上，拳眼向里，拳心向后；右勾手变拳，屈肘向上架于头右上方，拳心向前。目视左方。

（2）提膝穿掌

①右腿稍伸直。右拳变掌收至腰侧，掌心向上；左拳变掌由下向左向上划弧盖压于头上方，掌心向前。

②右腿蹬直，左腿屈膝提起，脚尖内扣。右掌从腰侧经左臂内向右前方穿出，掌心向上；左掌收至右胸前成立掌。目视右掌。

要点：支撑腿与右臂充分伸直。

（3）仆步穿掌

右腿全蹲，左腿向左后方铲出成左仆步。右臂不动，左掌由右胸前向下经左腿内侧，向左脚面穿出。目随左掌转视。

（4）虚步挑掌

①右腿蹬直，重心前移至左腿，成左弓步。右掌稍下降，左掌随重心前移向前挑起。

②右脚向左前方上步、左腿半蹲，成右虚步。身体随上步左转180°。在右脚上步的同时，左掌由前向上向后划弧成立掌，右掌由后向下向前上挑起成立掌，指尖与眼平。目视右掌。

要点：上步要快，虚步要稳。

（5）马步击掌

①右脚落实，脚尖外撇，重心稍升高并右移，左掌变拳收至腰侧；右掌俯掌向外捋手。

②左脚向前上一步，以右脚为轴向右后转体180°，两腿下蹲成马步。左掌从右臂上成立掌向左侧击出；右掌变拳收至腰侧。目视左掌。

要点：右手做捋手时，先使臂稍内旋，腕伸直，手掌向下向外转，接着臂外旋，掌心经下向上翻转，同时抓握成拳。收拳和击掌动作要同时进行。

（6）叉步双摆掌

①重心稍右移，同时两掌向下向右摆，掌指均向上。目视右掌。

②右脚向左腿后插步，前脚掌着地。两臂继续由右向上向左摆，停于身体左侧，均成立掌，右掌停于左肘窝处。目随双掌转视。

要点：两臂要划立圆，幅度要大，摆掌与后插步配合一致。

（7）弓步击掌

①两腿不动。左掌收至腰侧，掌心向上；右掌向上、向右划弧，掌心向下。

②左腿后撤一步，成右弓步。右掌向下、向后伸直摆动，成勾手，勾尖向上；左掌成立掌向前推出。目视左掌。

（8）转身踢腿马步盘肘

①两脚以前脚掌为轴向左后转体180°。在转体的同时，左臂向上向前划半立圆，右臂向下、向后划半圆。

②上动不停，两脚不动，右臂由后向上、向前划半立圆，左臂由前向下、向后划半立圆。

③上动不停，右臂向下成反臂勾手，勾尖向上；左臂向上成亮掌，掌心向前上方。右腿伸直，脚尖勾起，向额前踢。

④右脚向前落地，脚尖里扣。右手不动，左臂屈肘下落至胸前，左掌心向下。目视左掌。

⑤上体左转90°，两腿下蹲成马步。同时左掌向前向左平掳变拳收至腰侧，右勾手变拳，右臂伸直，由体后向右、向前平摆，至体前时屈肘，肘尖向前，高与肩平，拳心向下，目视肘尖。

4.第三段

（1）歇步抡砸拳

①重心稍升高，右脚尖外撇。右臂由胸前向上向右抡直；左拳向下、向左，使臂抡直。目视右拳。

②上动不停，两脚以前脚掌为轴，向右后转体180°。右臂向下、向后抡摆，左臂向上向前随身体转动。

③紧接上动，两腿全蹲成歇步。左臂随身体下蹲向下平砸，拳心向上，臂部微屈；右臂伸直向上举起。目视左拳。

要点：抡臂动作要连贯完成，划成立圆。歇步要两腿交叉全蹲，左腿大、小腿靠紧，臀部贴于左小腿外侧，膝关节在右小腿外侧，脚跟提起；右脚尖外撇，全脚着地。

（2）仆步亮拳

①左脚由右腿后抽出前上一步，左腿蹬直，右腿半蹲，成右弓步。上体微向右转。左拳收至腰侧，右拳变掌向下经胸前向右横击掌。目视右掌。

②右脚蹬地屈膝提起，上体右转。左拳变掌从右掌上向前穿出，掌心向上；右掌平收至左肘下。

③右脚向右落步，屈膝全蹲，左腿伸直，成仆步。左掌向下、向后划弧成勾手，勾尖向上。右掌向右向上划弧微屈，抖腕成亮掌，掌心向前。头随右手转动，至亮掌时，目视左方。

要点：仆步时，左腿充分伸直，脚尖内扣，右腿全蹲，两脚脚掌全部着地。上体挺胸塌腰，稍左转。

（3）弓步劈拳

①右腿蹬地立起，左腿收回并向左前方上步。右掌变拳收至腰侧，左勾手变掌由下向前上经胸前向左做捋手。

②右腿经左腿前方向左绕上一步，左腿蹬直成右弓步。左手向左平捋后再向前挥摆，虎口朝前。

③在左手平捋的同时，右拳向后平摆，然后再向前、向上做抡劈拳，拳高与耳平，拳心向上，左掌外旋接扶右前臂。目视右拳。

要点：左右脚上步稍带弧形。

（4）换跳步弓步冲拳

①重心后移，右脚稍向后移动。右拳变掌臂内旋以掌背向下划弧挂至右膝内侧；左掌背贴靠右肘外侧，掌指向前。目视右掌。

②右腿自然上抬，上体稍向左扭转。右掌挂至体左侧，左掌伸向右腋下。目随右掌转视。

③右脚以全脚掌用力向下震踩，与此同时，左脚急速离地抬起。右手由左向上、向前捋盖而后变拳收至腰侧；左掌伸直向下、向上、向前屈肘下按，掌心向下。上体右转。目视左掌。

④左脚向前落步，右腿蹬直成左弓步。右拳向前冲出，拳高与肩平；左掌藏于右腋下，掌背贴靠腋窝。目视右拳。

要点：换跳步动作要连贯、协调。震脚时腿要弯曲，全脚掌着地，左脚离地不要高。

（5）马步冲拳

上体右转90°，重心移至两腿中间，成马步。右拳收至腰侧，左掌变拳向左冲出，拳眼向上。目视左拳。

（6）弓步下冲拳

右脚蹬直，左腿弯曲，上体稍向左转，成左弓步。左拳变掌向下经体前向上架于头的左上方，掌心向上，右拳自腰侧向左前斜下方冲出。目视右拳。

（7）叉步亮掌侧踹腿

①上体稍右转。左掌由头上下落于右手腕上，右拳变掌，两手交叉成十字。目视双手。

②右脚蹬地并向左腿后插步，以前脚掌着地。左掌由体前向下、向后划弧成勾手，勾尖向上；右掌由前向右、向上划弧抖腕亮掌，掌心向前。目视左侧。

③重心移至右腿，左腿屈膝提起，向左上方猛力踹出。上肢姿势不变，目视左侧。

要点：插步时上体稍向右倾斜，腿、臂的动作要一致。侧踹高度不能低于腰，大腿内旋，着力点在脚跟。

（8）虚步挑拳

①左脚在左侧落地。右掌变拳稍后移，左勾手变拳由体后向左上挑；拳背向上。

②上体左转180°，微含胸前俯。左拳继续向前、向上划弧上挑，右拳向下、向前划

弧挂至右膝卦侧，同时右膝提起。目视右拳。

③右脚向左前方上步，脚尖点地，重心落于左脚，左腿下蹲成右虚步。左拳向后划弧收至腰侧，拳心向上；右拳向前屈臂挑出，拳眼斜向上，拳与肩同高。目视右拳。

5. 第四段

（1）弓步顶肘

①重心升高，右脚踏实。右臂内旋向下直臂划弧以拳背下挂至右膝内侧，左拳不变。目视前下方。

②左腿蹬直，右腿屈膝上抬。左拳变掌，右拳不变，两臂向前、向上划弧摆起。目随右拳转视。

③左脚蹬地起跳，身体腾空，两臂继续划弧至头上方。

④右脚先落地，右腿屈膝，左脚向前落步，以前脚掌着地。同时两臂向右、向下屈肘停于右胸前，右拳变掌，左掌变拳。右掌心贴靠左拳面。

⑤左脚向左上一步，左腿屈膝，右腿蹬直成左弓步。右掌推左拳，以左肘尖向左顶出，高与肩平。目视前方。

要点：交换步时不要过高，但要快。两臂抢摆时要成圆弧。

（2）转身左拍脚

①以两脚前脚掌为轴向右后转体180°。随着转体，右臂向上、向右、向下划弧抢摆，同时左拳变掌向下向后、向前上抢摆。

②左腿伸直向前上踢起，脚面绷平。左掌变拳收至腰侧，右掌由体后向上、向前拍击左脚面。

要点：右掌拍脚时手掌稍横过来，拍脚要准而响亮。

（3）右拍脚

①左脚向前落地，左拳变掌向下向后摆，右掌变拳收至腰侧。

②右腿伸直向前上踢起，脚面绷平。左拳变掌由后向上、向前拍击右脚面。

要点：与本节的转身左拍脚相同。

（4）腾空飞脚

①右脚落地。

②左脚向前摆起，右脚猛力蹬地，左腿屈膝继续前上摆。同时右拳变掌向前向上摆起，左掌先上摆而后下降拍击右掌背。

③右腿继续上摆，脚面绷平。右手拍击右脚面，左掌由体前向后上举。

要点：蹬地要向上，不要太向前冲，左膝尽量上提。击响要在腾空时完成，右臂伸直成水平。

（5）歇步下冲拳

①左、右脚先后相继落地。左掌变拳收至腰侧。

②身体右转90°，两腿全蹲成歇步。右掌抓握、外旋变拳收至腰侧；左拳由腰侧向

前下方冲出，拳心向下。目视左拳。

（6）仆步抡劈拳

①重心升高，右臂由腰侧向体后伸直，左臂随身体重心升高向上摆起。

②以右脚前脚掌为轴，左腿屈膝提起，上体左转270°。左拳由前向后下划立圆一周；右拳由后向下、向前上划立圆一周。

③左腿向后落一步，屈膝全蹲，右腿伸直，脚尖内扣成右仆步。右拳由上向下抡劈，拳眼向上；左拳后上举，拳眼向上。目视右拳。

要点：抡臂时一定要划立圆。

（7）提膝挑掌

①重心前移成右弓步。同时右拳变掌由下向上抡摆，左拳变掌稍下落，右掌心向左，左掌心向右。

②左、右臂在垂直面上由前向后各划立圆一周。右臂伸直停于头上，掌心向左，掌指向上；左臂伸直停于身后成反勾手。同时右腿屈膝提起，左腿挺膝伸直独立。目视前方。

要点：抡臂时要划立圆。

（8）提膝劈掌弓步冲拳

①下肢不动。右掌由上向下猛劈伸直，停于右小腿内侧，用力点在小指一侧；左勾手交掌，屈臂向前停于右上臂内侧，掌心向左。目视右掌。

②右脚向右后落地；身体右转90%同时左掌变拳收至腰侧，右臂内旋向右划弧劈掌。

③上动不停，左腿蹬直成右弓步。右手抓握变拳收至腰侧，左拳由腰侧向左前方冲出。目视左拳。

6. 结束动作

（1）虚步亮掌

①右脚扣于左膝后，两拳变掌，两臂右上左下屈肘交叉于体左前。目视右掌。

②右脚向右后落步，重心后移，右腿半蹲，上体稍右转。同时右掌向上、向右、向下划弧停于左腋下；左掌向左、向上划弧停于右臂上与左胸前，两掌心左下右上。目视左掌。

③左脚尖稍向右移，右腿下蹲成左虚步。左臂伸直向左、向后划弧成反勾手；右臂伸直向下、向右、向上划弧抖腕亮掌，掌心向前。目视左方。

（2）并步对拳

①左腿后撤一步，同时两掌从两腰侧向前穿出伸直，掌心向上。

②右腿后撤一步，同时两臂分别向体后下摆。

③左脚后退半步向右脚并拢。两臂由后向上经体前屈臂下按，两掌变拳，停于腹前，拳心向下，拳面相对。目视左方。

7. 还原

两臂自然下垂，目视正前方。

第二节 太极拳

一、太极拳基本知识

（一）太极拳的起源和发展

太极拳的起源，历来说法不一，其中不乏带有神秘色彩的传说。

一种说法是太极拳起源于宋代武当山道士张三丰，他在皇帝召见途中受强盗拦阻，夜梦武当山神授以拳法，杀退百余贼人，创编了太极拳。另一说法认为张三丰为元末明初人，在武当山修道炼丹过程中，观察蛇雀之争，探索龟鹤长寿之秘，由此创编了太极拳。武当山是中国道教名山，张三丰为辽东人，在武当山修道，甘肃、云南等地也有他的足迹和传说。然而，据现有史料查不出他与太极拳的关系，因此张三丰创拳之说尽管流传广泛，但史料不足，成为武术史界的"悬案"。

还有人认为太极拳传于唐代许宣平或明初陈氏。此说虽有宋氏手抄拳谱与陈氏家谱记载，然而找不到其他佐证，也难以确定。

根据现代史实，明末清初太极拳已经在河南农村流传开展，尤以温县陈家沟和赵堡镇为中心，代表人物是陈王廷和蒋发。武术史家唐豪先生根据陈氏家谱、拳谱及陈王廷遗诗考证，判断陈王廷就是太极拳的创造者。而赵堡镇太极拳资料记述，蒋发 22 岁赴山西省学习太极拳，7 年后回乡授徒传艺，从此使太极拳在河南发扬光大。

很长一段时间内，太极拳的开展局限于河南农村。19 世纪初，河北永年人杨露禅拜陈家沟陈长兴为师，学习了太极拳，带回原籍，不久又到北京推广。从此才开辟了太极拳走向全国的新局面。

近一百多年来，太极拳得到了空前的发展，技术不断演变，内容不断丰富，逐渐形成了很多流派。

杨式太极拳：为杨露禅首创，经祖孙三代至杨澄浦定型。拳势中正舒展，动作均匀柔和架势幅度大，走弧形。目前流传最为广泛。

陈式太极拳：为各派中传播历史最悠久的太极拳。保留有古老的发力、跳跃、震脚动作，运动量较大，速度快慢相间，动作多为螺旋缠绕，有刚有柔。

吴式太极拳：为杨式太极拳传人吴全佑及其子吴鉴泉创编。其特点是细腻柔和、斜中寓正、动作弧形、幅度适中。

武式太极拳：为武禹襄在赵堡镇太极拳的基础上发展创编。该拳简洁紧凑、立身中正、朴实隽秀，如干枝老梅，动作柔缓，幅度较小。

孙式太极拳：为形意拳、八卦拳名师孙禄堂在武式太极拳基础上创编。动作小巧，步法灵活，进退相随，动作之间常以开合连接，又称活步开合太极拳。

新中国成立后，太极拳作为武术重点项目，得到了更好的普及。全国城乡到处有太极拳的爱好者和辅导站，出版的书籍、挂图、音像制品等种类繁多，有关科研及理论探讨不断深入。太极拳不仅被列入了国家正式体育竞赛项目，每年都有全国和地区的太极拳竞赛活动，而且广泛流传至五大洲，吸引了大批外国朋友，仅日本就有上百万人参加太极拳锻炼。

为了适应形势需要，国家体育主管部门和中国武术协会对太极拳做了系统的整理研究，编写了一系列教材。不仅丰富了太极拳内容，而且使得太极拳在发扬传统、百花齐放的基础上，走上了规范化、系统化的现代体育道路，为太极拳的普及和竞赛活动创造了条件。

（二）太极拳的运动形式和特点

1. 太极拳的运引形式

太极拳的运动形式包括套路、功法、推手三种形式。

套路由很多动作按固定的程序组成，包括起势和收势在内的连贯系列动作，又称拳套或架子。各式太极拳套路很多，有徒手套路、器械套路、单练套路、对练套路等。不同套路的练法和风格也有很大差异。练法上有缠绕螺旋、快慢相间、刚柔并济的架子（如陈式太极拳），也有动作弧形、柔和均匀的架子（如杨式太极拳、吴式太极拳），还有不同练法兼而有之的综合架子（如42式太极拳竞赛套路）。

功法指各种基本功和基本动作的操练，如太极桩功、太极养生功十三势等。

推手是双人对抗性的操练或竞技比赛，以提高攻防技巧、对抗能力和反应能力为目的，包括单推手、双推手、定步推手、活步推手、大捋推手、散推手等多种方式。

2. 太极拳的运动特点

太极拳与其他武术项目相比，其独特之处在于它是一项心静体松、柔缓自然、连绵不断、动静结合、着重自我控制和意气诱导的武术项目。如果把长拳比作刚健明快的"奏鸣曲"，那么太极拳则是柔缓抒情的"小夜曲"，它柔和平稳、细腻委婉，将感情的抒发、气息的流畅和形体的自然圆活融为一体。尽管太极拳存在各种流派，在力度、速度及表现的程度上各有差异，但在基本特点上各式太极拳是一致的。太极拳的运动特点如下：

（1）心静意导，呼吸自然

各式太极拳皆要求思想集中、心理安静，用意念引导动作。如同书法、绘画要求意在笔先、胸有成竹一样，打太极拳也要先在心，后在身，以意导体，形意合一。打拳时呼吸要自然平稳，并与动作相配合。

（2）中正安舒，松柔连贯

太极拳要求立身中正安稳，姿势松展圆满，身体肌肉、关节不可紧张僵硬。动作如行云流水、悠缓流畅、连绵不断。

3. 动作圆活，周身协调

太极拳动作大多走弧形或螺旋形，转折圆润和顺，衔接自然，头、眼、手、脚、躯干要互相配合，整个身体要和谐地组成一个整体。不可顾此失彼、上下脱节、各行其是。

4. 轻灵沉着，刚柔相济

太极拳动作"迈步如猫行，运动似抽丝"，柔而不软，刚而不硬，富于韧性、弹性。即使发力动作，也要做到刚中有柔、充满弹性。太极拳古典拳论说："刚柔相济，方为懂劲。"也有人形容太极拳动作如棉中裹铁，在轻灵柔缓中，表现出从容镇定、一触即发之势。

（三）太极拳的健身作用

"详推用意终何在？延年益寿不老春。"大量的事实和科学实验充分证明，太极拳是一项对身心十分有益的体育活动，也是体现中华养生文化"动以养身，静以养心"、动静结合的健身运动。

1. 对神经系统的影响

打拳时思想高度入静，以意导体，使大脑皮质进入保护性抑制状态。打太极拳对处于高度紧张，尤其是脑力劳动的人们来说是一种积极的休息方式，对当代社会的文明病大脑过度紧张、肢体缺少运动是有益的治疗。实验表明，人脑消耗的能量占人体能量消耗的 $1/8 \sim 1/6$。神经紧张不仅耗能大，而且会造成交感神经和副交感神经的紧张疲劳。由于打拳"用意"，大脑不断发出良性信号，会使人体气血及能量汇聚于意守部位，使人体新陈代谢旺盛，血流量增加 30% 左右，医学界称为"精神反馈"作用。太极拳通过"以意导体""意念贯注"，使气血畅流全身。

2. 对心血管的影响

太极拳柔和协调的动作，会促使血管弹性增强，血管神经稳定性增强，更能适应外界刺激。太极拳与剧烈运动不同，运动以后舒张压会下降，长期坚持锻炼，有利于防止高血压和血管硬化。人们从动作实验也得到证明：经常处于剧烈运动状态的人高血压的发病率较高，而柔和适度的运动则会促使血压稳定。有关调查统计资料证明：经常打太极拳的老人较一般老人不仅血压正常，心脏收缩有力，而且动脉硬化率较低。

3. 对呼吸系统的影响

太极拳常常伴随深长的腹式呼吸，做到"气沉丹田"，这样就加强了膈肌的运动。我们知道，膈肌每下降 1cm 可增加通气量 300mL。膈肌的运动不仅促进呼吸的深长，还增加了内脏的蠕动，促进腹腔的血液循环和肠胃消化能力。

4. 对骨骼、肌肉的影响

太极拳要求立身端正、步法稳健，关节伸屈灵活，使人保持良好的体形，锻炼有力的下肢，调整灵活、柔韧、协调的步伐，这对人们保持青春、防止衰老会发挥良好的作用。

二、24式太极拳概述

（一）24式太极拳的创编和影响

1953年，中华人民共和国举行了全国民族形式体育运动大会，包括太极拳在内的武术成了大会的主要项目。这是历史悠久的中华武术在中华人民共和国体育大舞台上首次亮相，备受人们关注。

1954年，国家体育运动委员会设立了武术研究室，制定了"挖掘、整理、研究、提高"的武术工作方针。决定从太极拳开始编定简明统一的教材，在全国普及开展。为此，邀请各派太极拳名家共同商讨，制定了精简太极拳初稿。初稿由各流派太极拳代表性动作组合而成，内容公开发表后，人们普遍反映初学者学练困难，不易掌握。

1955年，国家体育运动委员会武术处毛伯浩、李天骥、唐豪、吴高明等专家多次研究，决定以流传范围和适应性最广的杨式太极拳为根据，本着大众健身、易学易记的原则，选择其中主要内容，保留传统风貌，重新编排，制定一套简化太极拳。经过反复修订，终于在1956年产生了新中国第一部由国家主管部门审定的"简化太极拳"。由于全套共有24个动作，人们又称它为"24式太极拳"。

（二）24式太极拳

1. 动作名称

① 第一组。起势；左右野马分鬃；白鹤亮翅。

② 第二组。左右搂膝拗步；手挥琵琶；左右倒卷肱。

③ 第三组。左揽雀尾；右揽雀尾。

④ 第四组。单鞭；云手；单鞭。

⑤ 第五组。高探马；右蹬脚；双峰贯耳；转身左蹬脚。

⑥ 第六组。左下势独立；右下势独立。

⑦ 第七组。左右穿梭；海底针；闪通臂。

⑧ 第八组。转身搬拦捶；如封似闭；十字手；收势。

2. 动作说明

（1）起势

① 身体自然直立，两脚开立，与肩同宽，脚尖向前；两臂自然下垂，两手放在大腿外侧；眼向前平看。

要点：头颈正直，下颚微向后收，不要故意挺胸或收腹，精神集中。（起势由立正姿势开始，然后左脚向左分开，成开立步）

②两臂慢慢向前平举，两手高与肩平，与肩同宽，手心向下。

③上体保持正直，两腿屈膝下蹲；同时两掌轻轻下按，两肘下垂与两膝相对；眼平看前方。

要点：两肩下沉，两肘松垂，手指自然微屈。屈膝松腰，臀部不可凸出，身体重心落于两腿中间。两臂下落和身体下蹲的动作要协调一致。

（2）左右野马分鬃

①上体微向右转，身体重心移至右腿上；同时右臂收在胸前平屈，手心向下，左手经体前向右下划弧放在右手下，手心向上，两手心相对成抱球状；左脚随即收到右脚内侧，脚尖点地；眼看右手。

②继续向左转，左右手随转体慢慢分别向左上右下分开，左手高与眼平（手心斜向上），肘微屈；右手落在右胯旁，肘也微屈，手心向下，指尖向前；眼看左手。

③上体慢慢后坐，身体重心移至右腿，左脚尖翘起，微向外撇（45~60°），随后脚掌慢慢踏实，左腿慢慢前弓，身体左转，身体重心再移至左腿；同时左手翻转向下，左臂收在胸前平屈，右手向左上划弧放在左手下，两手心相对成抱球状；右脚随即收到左脚内侧，脚尖点地；眼看左手。

④右腿向右前方迈出，左腿自然伸直，成右弓步；同时上体右转，左右手随转体分别慢慢向左下右上分开，右手高与眼平（手心斜向上），肘微屈；左手落在左胯旁，肘也微屈，手心向下，指尖向前；眼看右手。

⑤与③解同，只是左右相反。

⑥与④解同，只是左右相反。

要点：上体不可前俯后仰，胸部必须宽松舒展。两臂分开时要保持弧形。身体转动时要以腰为轴。弓步动作与分手的速度要均匀一致。做弓步时，迈出的脚先是脚跟着地，然后脚掌慢慢踏实，脚尖向前，膝盖不要超过脚尖；后腿自然伸直；前后脚夹角成45~60°（需要时后脚脚跟可以后蹬调整）。野马分鬃式的弓步，前后脚的脚跟要分在中轴线两侧，它们之间的横向距离（即以动作行进的中线为纵轴，其两侧的垂直距离为横向）应该保持在10~30cm。

（3）白鹤亮翅

①上体微向左转，左手翻掌向下，左臂平屈胸前，右手向左上划弧，手心转向上，与左手成抱球状；眼看左手。

②右脚跟进半步，上体后坐，身体重心移至右腿，上体先向右转，面向右前方，眼看右手；然后左脚稍向前移，脚尖点地，成左虚步，同时上体再微向左转，面向前方，两手随转体慢慢向右上、左下分开，右手上提停于右额前，手心向左后方，左手落于左胯前，手心向下，指尖向前；眼平看前方。

要点：完成姿势胸部不要挺出，两臂上下都要保持半圆形，左膝要微屈。身体重心后移和右手上提、左手下按要协调一致。

（4）左右搂膝拗步

①右手从体前下落，由下向后上方划弧至右肩外侧，肘微屈，手与耳同高，手心斜向上；左手由左下向上、向右下方划弧至右胸前，手心斜向下；同时上体先微向左再向右转；左脚收至右脚内侧，脚尖点地，眼看右手。

②上体左转，左脚向前（偏左）迈出成左弓步；同时右手屈回由耳侧向前推出，高与鼻尖平，左手向下由左膝前搂过落于左胯旁，指尖向前；眼看右手手指。

③右腿慢慢屈膝，上体后坐，身体重心移至右腿，左脚尖翘起微向外撇，随后脚掌慢慢踏实，左腿前弓，身体左转，身体重心移至左腿，右脚收到左脚内侧，脚尖点地；同时左手向外翻掌由左后向上划弧至左肩外侧，肘微屈，手与耳同高，手心斜向上；右手随转体向上、向左下划弧落于左胸前，手心斜向下；眼看左手。

④与②解同，只是左右相反。

⑤与③解同，只是左右相反。

⑥与②解同。

要点：前手推出时，身体不可前俯后仰，要松腰松胯。推掌时要沉肩垂肘、坐腕舒掌，同时须与松腰、弓腿上下协调一致，搂膝拗步成弓步时，两脚跟的横向距离保持30cm左右。

（5）手挥琵琶

右脚跟进半步，上体后坐，身体重心转至右腿上，上体半面向右转，左脚略提起稍向前移，变成左虚步，脚跟着地，脚尖翘起，膝部微屈；同时左手由左下向上挑举，高与鼻尖平，掌心向右，臂微屈；右手收回放在左臂肘部里侧，掌心向左；眼看左手食指。

要点：身体要平稳自然，沉肩垂肘，胸部放松。左手上起时不要直向上挑，要由左向上、向前，微带弧形。右脚跟进时，脚掌先着地，再全脚踏实。身体重心后移和左手上起、右手回收要协调一致。

（6）左右倒卷肱

①上体右转，右手翻掌（手心向上）经腹前由下向后上方划弧平举，臂微屈，左手随即翻掌向上；眼的视线随着向右转体先向右看，再转向前方看左手。

②右臂屈肘折向前，右手由耳侧向前推出，手心向前，左臂屈肘后撤，手心向上，撤至左肋外侧；同时左腿轻轻提起向后（偏左）退一步，脚掌先着地，然后全脚慢慢踏实，身体重心移到左腿上，成右虚步，右脚随转体以脚掌为轴扭正；眼看右手。

③上体微向左转，同时左手随转体向后上方划弧平举，手心向上，右手随即制掌，掌心向上；眼随转体先向左看，再转向前方看右手。

④与②解同，只是左右相反。

⑤与③解同，只是左右相反。

⑥与②解同。

⑦与③解同。

⑧与②解同，只是左右相反。

要点：前推的手不要伸直，后撤手也不可直向回抽，随转体仍走弧线。前推时，要转腰松胯，两手的速度要一致，避免僵硬。退步时，脚掌先着地，再慢慢全脚踏实，同时，前脚随转体以脚掌为轴扭正。退左脚略向左后斜，退右脚略向右后斜，避免使两脚落在一条直线上。后退时，眼神随转体动作先向左右看，然后再转看前手。最后退右脚时，脚尖外撇的角度略大些，便于接做"左揽雀尾"的动作。

（7）左揽雀尾

①上体微向右转，同时右手随转体向后上方划弧平举，手心向上，左手放松，手心向下；眼看左手。

②身体继续向右转，左手自然下落逐渐翻掌经腹前划弧至右肋前，手心向上；右臂屈肘，手心转向下，收至右胸前，两手相对成气抱球状；同时身体重心落在右腿上，左脚收到右脚内侧，脚尖点地；眼看右手。

③上体微向左转，左脚向左前方迈出，上体继续向左转，右腿自然蹬直，左腿屈膝，成左弓步；同时左臂向左前方绷出（即左臂平屈成弓形，用前臂外侧和手背向前方推出），高与肩平，手心向后；右手向右下落放于右胯旁，手心向下，指尖向前；眼看左前臂。

要点：绷出时，两臂前后均保持弧形。分手、松腰、弓腿三者必须协调一致。揽雀尾弓步时，两脚跟横向距离不超过10cm。

④身体微向左转，左手随即前伸翻掌向下，右手翻掌向上，经腹前向上、向前伸至左前臂下方；然后两手下将，即上体向右转，两手经腹前向右后上方划弧，直至右手手心向上，高与肩齐，左臂平屈于胸前，手心向后；同时身体重心移至右腿；眼看右手。

要点：下将时，上体不可前倾，臀部不要凸出。两臂下将须随腰旋转，仍走弧线。左脚全掌着地。

⑤上体微向左转，右臂屈肘折回，右手附于左手腕里侧（相距约5cm），上体继续向左转，双手同时向前慢慢挤出，左手心向后，右手心向前，左前臂要保持半圆；同时身体重心逐渐前移变成左弓步；眼看左手腕部。

要点：向前挤时，上体要正直。挤的动作要与松腰、弓腿相一致。

⑥左手翻掌，手心向下，右手经左腕上方向前、向右伸出，高与左手齐，手心向下，两手左右分开，宽与肩同；然后右腿屈膝，上体慢慢后坐，身体重心移至右腿，左脚尖翘起；同时两手屈肘回收至腹前，手心均向前下方；眼向前平看。

⑦上式不停，身体重心慢慢前移，同时两手向前、向上按出，掌心向前；左腿前弓成左弓步；眼平看前方。

要点：向前按时，两手须走曲线，手腕部高与肩平，两肘微屈。

（8）右揽雀尾

①上体后坐并向右转，身体重心移至右腿，左脚尖内扣；右手向右平行划弧至右侧，然后由右下经腹前向左上划弧至左肋前，手心向上；左臂平屈胸前，左手掌向下与右手成抱球状；同时身体重心再移至左腿上，右脚收至左脚内侧，脚尖点地；眼看左手。

②同"左揽雀尾"③解，只是左右相反。

③同"左揽雀尾"④解，只是左右相反。

④同"左揽雀尾"⑤解，只是左右相反。

⑤同"左揽雀尾"⑥解，只是左右相反。

⑥同"左揽雀尾"⑦解，只是左右相反。

要点：均与"左揽雀尾"相同，只是左右相反。

（9）单鞭

①上体后坐，身体重心逐渐移至左腿上，右脚尖内扣；同时上体左转，两手（左高右低）向左弧形运转，直至左臂平举，伸于身体左侧，手心向左，右手经腹前运至左肋前，手心向后上方；眼看左手。

②身体重心再渐渐移至右腿上，上体右转，左脚向右脚靠拢，脚尖点地；同时右手向右上方划弧（手心由里转向外），至右侧方时变勾手，臂与肩平；左手向下经腹前向右上划弧停于右肩前，手心向里；眼看左手。

③上体微向左转，左脚向左前侧方迈出，右脚跟后蹬，成左弓步；身体重心移向左腿的同时，左掌随上体的左转慢慢翻转向前推出，手心向前，手指与眼齐平，臂微屈；眼看左手。

要点：上体保持正直，松腰。完成式时，右臂肘部稍下垂，左肘与左膝上下相对，两肩下沉。左手向外翻掌前推时，要随转体边翻边推出，不要翻掌太快或最后突然翻掌。全部过渡动作上下要协调一致。如面向南起势，单鞭的方向（左脚尖）应向东偏北（大约为15°）。

（10）云手

①身体重心移至右腿上，身体渐向右转，左脚尖内扣；左手经腹前向右上划弧至右肩前，手心斜向后，同时右手变掌，手心向右前；眼看左手。

②上体慢慢左转，身体重心随之逐渐左移；左手由脸前向左侧运转，手心渐渐转向左方；右手由右下经腹前向左上划弧至左肩前，手心斜向后；同时右脚靠近左脚，成小开立步（两脚距离10～20cm）；眼看右手。

③上体再向右转，同时左手经腹前向右上划弧至右肩前，手心斜向后；右手向右侧运转，手心翻转向右；随之左腿向左横跨一步；眼看左手。

④同②解。

⑤同③解。

⑥同②解。

要点：身体转动要以腰脊为轴，松腰、松胯，不可忽高忽低。两臂随腰的转动而运转，要自然圆活，速度要缓慢均匀。下肢移动时，身体重心要稳定，两脚掌先着地再踏实，脚尖向前。眼的视线随左右手而移动。第三个"云手"，右脚最后跟步时，脚尖微向内扣，便于接"单鞭"动作。

（11）单鞭

①上体向右转，右手随之向右运转，至右侧方时变成勾手；左手经腹前向右上划弧至右肩前，手心向内；身体重心落在右腿上，左脚尖点地；眼看左手。

②上体微向左转，左脚向左前侧方迈出，右脚跟后蹬，成左弓步；在身体重心移向左腿的同时，上体继续左转，左掌慢慢翻转向前推出，成"单鞭"式。

要点：与前"单鞭"式相同。

（12）高探马

①右脚跟进半步，身体重心逐渐后移至右腿上；右勾手变成掌，两手心翻转向上，两肘微屈；同时身体微向右转，左脚跟渐渐离地；眼看左前方。

②上体微向左转，面向前方；右掌经右耳旁向前推出，手心向前，手指与眼同高；左手收至左侧腰前，手心向上；同时左脚微向前移，脚尖点地，成左虚步；眼看右手。

要点：上体自然正直，双肩要下沉，右肘微下垂。跟步移换重心时，身体不要有起伏。

（13）右蹬脚

①左手手心向上，前伸至右手腕背面，两手相互交叉，随即向两侧分开并向下划弧，手心斜向下；同时左脚提起向左前侧方进步（脚尖略外撇）；身体重心前移，右腿自然蹬直，成左弓步；眼看前方。

②两手由外圈向里圈划弧，两手交叉合抱于胸前，右手在外，手心均向后；同时右脚向左脚靠拢，脚尖点地；眼平看右前方。

③两臂左右划弧分开平举，肘部微屈，手心均向外；同时右腿屈膝提起，右脚向右前方慢慢蹬出；眼看右手。

要点：身体要稳定，不可前俯后仰。两手分开时，腕部与肩齐平。蹬脚时，左腿微屈，右脚尖回勾，劲用在脚跟。分手和蹬脚须协调一致。右臂和右腿上下相对。如面向南起势，蹬腿方向应为正东偏南。

（14）双峰贯耳

①右腿收回，屈膝平举，左手由后向上、向前下落至体前，两手心均翻转向上，两手同时向下划弧分落于右膝盖两侧；眼看前方。

②右脚向右前方落下，身体重心渐渐前移，成右弓步，面向右前方。同时两手下落，慢慢变拳，分别从两侧向上、向前划弧至面部前方，成钳形状，两拳相对，高与耳齐，拳眼都斜向内下（两拳中间距离 10 ~ 20cm）；眼看右拳。

要点：完成式时，头颈正直，松腰松胯，两拳松握，沉肩垂肘，两臂均保持弧形。双峰贯耳式的弓步和身体方向与右蹬脚方向相同。弓步的两脚跟横向距离同"揽雀尾"式。

（15）转身左蹬脚

①左腿屈膝后坐，身体重心移至左腿，上体左转，右脚尖内扣；同时两拳变掌，由上向左右划弧分开平举，手心向前；眼看左手。

②身体重心再移至右腿，左脚收到右脚内侧，脚尖点地；同时两手由外圈向里圈划弧合抱于胸前，左手在外，手心均向后；眼平看左方。

③两臂左右划弧分开平举，肘部微屈，手心均向外；同时左腿屈膝提起，左脚向左前方慢慢蹬出；眼看左手。

要点：与右蹬脚式相同，只是左右相反。左蹬脚方向与右蹬脚成180°（即正西偏北，约30°）。

（16）左下势独立

①左腿收回平屈，上体右转；右掌变成勾手，左掌向上、向右划弧下落，立于右肩前掌心斜向后；眼看右手。

②右腿慢慢屈膝下蹲，左腿由内向左侧（偏后）伸出，成左仆步；左手下落（掌心向外）向左下顺左腿内侧向前穿出；眼看左手

要点：右腿全蹲时，上体不可过于前倾。左腿伸直，左脚尖须向内扣，两脚脚掌全部着地。左脚尖与右脚跟踏在中轴线上。

③身体重心前移，左脚跟为轴，脚尖尽量外撇，左腿前弓，右腿后蹬，右脚尖内扣，上体微向左转并向前起身；左臂继续向前伸掌，掌心向右，右勾手下落，勾尖向后；眼看左手。

④右腿慢慢提起平屈，成左独立式；右勾手变掌，由后下方顺右腿外侧向前弧形摆出，屈臂立于右腿上方，肘与膝相对，手心向左；左手落于左胯旁，手心向下，指尖向前；眼看右手。

要点：上体要正直，独立的腿要微屈，右腿提起时脚尖自然下垂。

（17）右下势独立

①右脚下落于左脚前，脚掌着地，然后左脚前掌为轴脚跟转动，身体随之左转；同时左手向后平举变成勾手，右掌随转体向左侧划弧，立于左肩前，掌心斜向后；眼看左手。

②同"左下势独立"②解，只是左右相反。

③同"左下势独立"③解，只是左右相反。

④同"左下势独立"④解，只是左右相反。

要点：右脚尖触地后必须稍微提起，然后再向下仆腿。其他均与"左下势独立"相同，只是左右相反。

（18）左右穿梭

①身体微向左转，左脚向前落地，脚尖外撇，右脚跟离地，两腿屈膝成半坐盘式；同时两手在左胸前成抱球状（左上右下）；然后右脚收到左脚的内侧，脚尖点地；眼看左前臂。

②身体右转，右脚向右前方迈出，屈膝弓腿，成右弓步；同时右手由脸前向上举并翻掌停在右额前，手心斜向上；左手先向左下再经体前向前推出，高与鼻尖平，手心向前；眼看左手。

③身体重心略向后移，右脚尖稍向外撇，随即身体重心再移至右腿，左脚跟进，停于右脚内侧，脚尖点地；同时两手在右胸前成抱球状（右上左下）；眼看右前臂。

④同②解，只是左右相反。

要点：完成姿势面向斜前方（如面向南起势，左右穿梭方向分别为正西偏北和正西偏南，均约30°）。手推出后，上体不可前俯。手向上举时，防止引肩上耸。一手上举一手前推要与弓腿松腰上下协调一致。做弓步时，两脚跟的横向距离同搂膝拗步式，保持在30cm左右。

（19）海底针

右脚向前跟进半步，身体重心移至右腿，左脚稍向前移，脚尖点地，成左虚步；同时身体稍向右转，右手下落经体前向后、向上提抽至肩上耳旁，再随身体左转，由右耳旁斜向前下方插出，掌心向左，指尖斜向下；与此同时，左手向前、向下划弧落于左胯旁，手心向下，指尖向前；眼看前下方。

要点：身体要先向右转，再向左转。完成姿势，面向正西。上体不可太前倾。避免低头和臀部外凸。左腿要微屈。

（20）闪通臂

上体稍向右转，左脚向前迈出，屈膝弓腿成左弓步；同时右手由体前上提，屈臂上举，停于右额前上方，掌心翻转斜向上，拇指朝下；左手上起经胸前向前推出，高与鼻尖平，手心向前；眼看左手。

要点：完成姿势上体自然正直，松腰、松胯；左臂不要完全伸直，背部肌肉要伸展开。推掌、举掌和弓腿动作要协调一致。弓步时，两脚跟横向距离同"揽雀尾"式（不超过10cm）。

（21）转身搬拦捶

①上体后坐，身体重心移至右腿上，左脚尖内扣，身体向右后转，后身体重心再移至左腿上；同时右手随转体向右、向下（变拳）经腹前划弧至左肋旁，拳心向下；左掌上举于头前，掌心斜向上；眼看前方。

②向右转体，右拳经胸前向前翻转撇出，拳心向上；左手落于左胯旁，掌心向下，指尖向前；同时右脚收回后（不要停顿或脚尖点地）向前迈出，脚尖外撇；眼看右拳。

③身体重心移至右腿上，左脚向前迈一步；左手上起经左侧向前上划弧拦出，掌心

向前下方；同时右拳向右划弧收到右腰旁，拳心向上；眼看左手。

④左腿前弓成左弓步，同时右拳向前打出，拳眼向上，高与胸平，左手附于右前臂里侧；眼看右拳。

要点：右拳不要握得太紧。右拳回收时，前臂要慢慢内旋划弧，然后在外旋停于右腰旁，拳心向上。向前打拳时，右肩随拳略向前伸，沉肩垂肘，右臂要微屈。弓步时，两脚横向距离同"揽雀尾"式。

（22）如封似闭

①左手由右腕下向前伸出，右拳变掌，两手手心逐渐翻转向上并慢慢分开回收；同时身体后坐，左脚尖翘起，身体重心移至右腿；眼看前方。

②两手在胸前翻掌，向下经腹前再向上、向前推出，腕部与肩平，手心向前；同时左腿前弓成左弓步；眼看前方。

要点：身体后坐时避免后仰，臀部不可凸出。两臂随身体回收时，肩肘部略向外松开，不要直着抽回。两手推出宽度不超过两肩。

（23）十字手

①屈膝后坐，身体重心移向右腿，左脚尖内扣，向右转体；右手随着转体动作向右平摆划弧，与左手成两臂侧平举，掌心向前，肘部微屈；同时右脚尖随着转体稍向外撇，成右侧弓步；眼看右手。

②身体重心慢慢移至左腿，右脚尖里扣，随即向左收回，两脚距离与肩同宽，两腿逐渐蹬直，成开立步；同时两手向下经腹前向上划弧交叉合抱于胸前，两臂撑圆，腕高与肩乎，右手在外，成十字手，手心均向后；眼看前方。

要点：两手分开和合抱时，上体不要前俯。站起后身体自然正直，头微向上顶，下须稍向后收。两臂环抱时须圆满舒适，沉肩垂肘。

（24）收势

两手向外翻掌，手心向下，两臂慢慢下落，停于身体两侧；眼看前方。

要点：两手左右分开下落时，要注意全身放松，同时气也徐徐下沉（呼气略加长）。呼吸平稳后，把左脚收到右脚旁，再走动休息。

第七章 体育运动保健康复的方法与运动处方

第一节 医疗体育

一、医疗体操

医疗体操是运动康复的一个重要方法，其不同于一般的竞技体操，具有特殊性，这主要体现在其是以疾病防治和身体康复需要为依据编制而成的。常见的医疗体操形式有降压保健操、预防感冒操、内脏下垂操、肺气肿呼吸操等。在治疗运动性损伤、内科疾病以及促进手术后及瘫痪部位的功能恢复等方面，医疗体操都具有积极的作用。在运用医疗体操的过程中，不同的患者可按照自己的伤病情况和治疗目的来进行具体的训练，运动方向、运动速度、动作幅度等都可按照实际需要来调整。通常情况下，每种体操最少有五六节，部分体操有二十多节。

（一）医疗体操的方法

1. 主动运动

主动运动是医疗体操的一个主要方法，具体是指患者自己主动进行的、通过收缩一定肌群而完成的运动。患者可以结合自身的实际需求，可以是单关节运动，也可以是多关节联合运动，可以是单方向运动，也可以是朝着多个方面采取不同速度和不同幅度完成运动。主动运动的常见形式如下：

（1）等长收缩运动

等长收缩运动是一种静力性肌肉收缩运动，其不会引起关节活动，但可以促进肌力的增长，采取这一运动形式可以促进被固定的伤肢的康复。例如，肢体骨折后一般都会被固定，采取等长收缩运动的方法来锻炼伤肢，可以避免骨折错位现象的发生。因肌肉力量小而无法进行关节活动的人也可以采取等长收缩运动来增加肌力。

（2）等张收缩运动

等张收缩运动是肌肉收缩运动的典型形式，在运动康复中得到了广泛的运用。该运动能够引起关节活动。

（3）等动练习

等动练习是上述两种主动运动形式的结合，采取这一练习方法能够促进肌肉力量的增长。

（4）传递神经冲动练习

患者通过意想从大脑向肌肉有节律地主动传递神经冲动的过程就是传递神经冲动练习。对于受累肌肉的肌力完全丧失（偏瘫、截瘫、周围神经损伤）的患者来说，采取这一练习形式能够取得良好的恢复效果。一般来说，将这种主动运动形式与被动运动结合起来，效果会更好。

2. 被动运动

患者伤肢的肌肉不主动收缩，完全借助外部力量（如器械、患者健肢、他人等）来帮助患肢肌肉和关节运动，以促进患肢肌肉和关节功能恢复的运动形式就是所谓的被动运动。韧带黏连、关节囊萎缩、肌肉痉挛等肢体运动功能障碍者采取这一运动形式能够达到一定的治疗效果。

患者在进行被动运动时，患肢不用力，完全通过外力来帮助患肢完成运动。在具体的运动过程中，伤肢的肌肉放松，通过外力将伤肢关节的近侧端、活动关节的远侧端固定好。以病情需要为依据，尽可能向各个方向活动关节，运动幅度为全幅度。需要注意的是，要有节律地运动，动作速度应缓慢且柔和，被动活动范围应逐渐增大，避免突然增大活动范围而造成冲击，具体的用力程度以患者能承受为宜。注意避免过于激烈的运动。被动运动的常见形式包括增大关节活动范围的被动运动和牵拉性被动运动。

在增大关节活动范围的被动运动中，患者患肢的肌肉完全放松，将外力逐渐增大，使患肢关节进行从小范围到大范围的被动活动。由痉挛性麻痹而引起的关节活动障碍者和外伤性关节活动障碍者比较适合采取这一运动形式。

牵拉性被动运动指的是在患者伤肢的远端悬挂一定重量的器械（如哑铃），借助器械的重量来牵拉患肢，使患肢关节做被动活动。也可以在患肢的关节上长时间地放置一定重量的沙袋，使患肢关节做渐进性的被动活动。对于关节伸直运动障碍者来说，这一运动形式的康复效果更好。

3. 助力运动

助力运动是由被动运动和主动运动结合而成的一种运动形式，因此其同时具有主动运动和被动运动的功能。当患者的患肢无法进行主动运动时，利用器械力量、患者的健肢以及医务人员的帮助来使患肢做被动运动。身体虚弱的患者、创伤性骨关节病患者（膝关节损伤、肩周损伤、踝关节扭伤、肘关节内外侧副韧带损伤等）、由创伤导致的肌无力或部分肌肉瘫痪的患者都适宜采取助力运动的方式。在采取助力运动的方法时，患者应以主动运动为主，将被动运动视为一种辅助性的手段，这样效果更好。

通常而言，要想通过助力运动来促进肌力的增强，就要尽量使主动力量大一些，被动力量小一些；如果进行助力运动是为了对关节活动度进行改善，那么要注意调整助力的大小，一般以引起关节适度紧张或使关节轻微疼痛为宜。

需要格外注意的是，助力是不可以替代主动用力的，这两者应当协调配合。当患者完成一段时间的训练后，倘若肌肉力量得到了一定程度的增加，则应当增加主动运动的次数。

4. 矫正运动

矫正身体畸形的运动就是矫正运动。针对畸形而编排的医疗体操有腿、足畸形矫正操，脊柱畸形矫正操等。脊柱、胸廓畸形患者，扁平足患者等都适合进行矫正运动。患者在进行矫正运动的过程中，所做的准备姿势要有利于畸形的矫正，要有选择性地采取有效的肌力练习形式。通过矫正运动，能够增强被畸形牵拉而削弱的肌肉力量，同时可以使所有能促进畸形矫正的肌肉群力量增强。除此之外，正确采用矫正方法还能够使受畸形影响而缩短的肌肉和韧带的功能得到恢复。

5. 协调运动

协调运动的目的是恢复和加强动作的协调性。中枢神经系统和周围神经有疾病和创伤的患者（如偏瘫、脑挫伤、脑震荡及周围神经损伤等）适宜采取协调运动这一康复方法。协调运动具体可以分为上下肢协调运动、躯干协调运动、左右肢体对称协调运动与不对称运动协调等多种类型。在具体的运动过程中，一般应先进行简单的协调运动，然后逐渐过渡到复杂的协调运动，先进行单个肢体的运动，然后逐渐进行多个肢体的协调运动。

在进行上肢的协调运动时，需要对动作的精确性、反应速度以及动作的节奏性等给予高度的重视。进行下肢的协调运动时，应注意训练正确的步态，同时上下肢的动作要协调配合好。

6. 呼吸运动

呼吸运动有利于促进呼吸功能的改善，呼吸系统疾病患者科学进行呼吸运动，有助于疾病的治疗。呼吸运动一般包括以下几种形式：

（1）一般呼吸运动

一般呼吸运动分为两种类型：一种是单纯的呼吸运动；另一种是配合肢体或躯干的呼吸运动。这一运动形式对于呼吸功能的改善、血液循环的通畅、心脏负担的缓解具有积极的作用。在康复练习中，患者也可以通过呼吸运动来对运动量进行调节。

（2）专门呼吸运动

有意将呼气或吸气时间延长的呼吸运动就是专门呼吸运动。此外，呼气时配合发音或用手压迫胸廓来使排气量不断增加的呼吸也属于专门呼吸。在临床上，对于呼吸系统疾病患者（如支气管哮喘、慢性支气管炎、胸膜炎、肺气肿等）而言，进行专门呼吸运动能够取得良好的康复效果。

（3）局部呼吸运动

重点作用到左肺或右肺，或某部分肺叶的呼吸活动就是局部呼吸运动。局部呼吸运动又可以分为两种形式，即腹式呼吸和胸式呼吸。前者主要作用于肺的底部和肺下叶，后者主要作用于肺尖和肺上叶。局部呼吸运动在临床上的运用与专门呼吸运动相同。

7. 平衡运动

锻炼身体平衡功能的运动形式就是平衡运动。该运动方法直接作用于前庭器官，可促进其稳定性的增强，从而能够使身体的平衡功能得到改善。因神经系统或前庭器官病变而引发的平衡功能失调患者（脑震荡后遗症、内耳性眩晕）适宜进行平衡运动。

在练习过程中，需要着重注意的要点是：第一，按照由大到小、从单方向到多方向的规律来调整身体的支持面；第二，要由低到高地调整身体重心；第三，首先在视觉监督下练习，然后逐步向闭目练习过渡。

8. 放松运动

身体在稳定舒适的姿位下，通过意念、暗示或某些特殊动作，使肌肉完全放松，有节律、柔和而不用力的运动就是所谓的放松运动。放松运动具体可以分为两种类型，即主动意识性放松、肢体的摆动性放松。痉挛性麻痹患者、高血压病患者、血栓闭塞性脉管炎患者、腰背肌紧张性腰痛患者和呼吸肌紧张性哮喘患者等适宜采取这一康复练习方法。此外，不管进行何种形式的医疗体操运动，在运动结束后，都可以做放松活动，以此来促进肌肉疲劳的缓解。

（二）医疗体操的编排原则

医疗体操的编排原则主要包括以下几个方面：

第一项原则是因人、因病而异，具体是指对医疗体操进行编排时，要以患者的年龄、性别、病情以及平时锻炼的情况等为依据来对练习内容和运动量进行有针对性的安排，不同患者在练习时的准备姿势、活动部位、运动速度、运动幅度、运动方向等都是有差异的。

第二项原则是循序渐进原则，具体是指编排医疗体操的动作时，应遵循动作由简单到复杂、运动量由小到大的规律。

第三项原则是局部与整体相结合，具体是指有机结合局部作用的练习活动和全身性的健身运动能够取得良好的康复效果。

第四项原则是分阶段，具体是指参与医疗体操练习要依次按照以下三个阶段来进行，分别为准备阶段、基本部分、结束部分。准备阶段通常要安排一些比较简单的、运动小的呼吸运动和健身运动；基本部分主要以疾病特点为依据来安排专门性的运动练习，运动量须根据需要而逐渐增加；结束部分一般应安排必要的整理活动、放松活动，运动量须逐渐减轻，以使肌肉疲劳逐渐得到缓解。

第五项原则是灵活调节。医疗体操的内容不是不可以改变的，可以结合患者病情来修改与调整各项内容。

（三）医疗体操的适应证和禁忌证

医疗体操的适应证和禁忌证具体见表 7-1。

表 7-1　医疗体操的适应证和禁忌证

医疗体操	
适应证	禁忌证
内科疾病患者，如高血压病、冠心病、肌萎缩、慢性心力衰竭、心肌梗死恢复期、慢性支气管炎、支气管哮喘、肺不张、肺气肿、肺结核病等	病情严重，医生建议卧床休息的患者
外科疾病患者，如断肢及断指再植术后、胸腹腔手术后、肌腱移植术后等	恶性肿瘤及手术后有转移倾向的患者
运动系统疾病患者，如关节运动功能障碍、膝半月板切除术后、颈椎病、肩周炎、创伤、腰椎间盘突出等	传染病急性期患者；心脑血管系统疾病急性期患者；有出血倾向的患者；剧烈疼痛患者等
其他疾病患者，如肥胖病、胃下垂、糖尿病、周围神经损伤、偏瘫、神经衰弱、产后等	

（四）医疗体操练习的注意事项

1.患者须在医生的指导下进行医疗体操练习。在整个练习过程中，包括练习前后，医生都要做好医务监督工作，在患者开始练习前，对患者的一般情况进行检查，必要时须对患者的体温、血压、脉搏及肺活量等进行检测。在患者练习的过程中，医生随时对患者的反应进行观察。如果是呼吸系统疾病患者、心脑血管疾病患者、老年人以及久病体弱者参与医疗体操运动，医生更应该加强对他们的医务监督。

2.在具体练习过程中，须以体操的预备姿势、节数、持续时间、动作重复次数、动作复杂性、间歇休息时间的长短等为依据来确定运动量。

3.饭后不要立即进行医疗体操运动，至少要等 1 个小时。每次练习时间控制在 10 ~ 30 分钟之间，每日练习 1 次，也可两天练习 1 次，视具体情况来确定疗程。

4.针对第一次做医疗体操的患者，医生要对其做耐心指导，同时保证患者的安全。此外，医生应当向患者详细介绍医疗体操的治疗作用、注意事项等，从而增加患者的自信心。

二、医疗运动

医疗运动是一种防治疾病和促进身体康复的运动方法。与医疗体操相比，医疗运动的活动量较大，患者参与医疗运动，有利于体质的增强和心肺功能的改善。体力较好的慢性病患者参与医疗运动能够取得良好的康复效果。医疗运动具有以下两种形式：

（一）有氧运动

有氧运动指的是摄氧量达最大摄氧量的 40% ~ 60% 的运动。有氧运动是一种非常重要的健身训练方法，其能够有效促进机体有氧代谢能力和心肺功能的增强。机体呼吸系统吸取氧气和血液循环系统负载与运输氧气的能力都能够从有氧代谢能力中反映出来。

1. 常见的有氧运动项目

（1）医疗步行

医疗步行是一种全身性的医疗运动项目，其也被称为"医疗行走"，具体指的是在平地或坡度适当的道路上步行。步行时，患者须抬头挺胸，双臂弯曲成直角，随脚步的移动而前后摆动双臂。略向前倾躯干，脊柱挺直并左右扭动，患者可根据自己的情况来调整步幅的大小及步频的快慢。行走距离、行走速度、坡度、行走次数、中途休息时间与休息次数等都是影响医疗步行运动量的决定性因素。患者在步行练习中，须逐渐增加运动量，以取得良好的康复效果。一般来说，心血管系统疾病患者、呼吸系统疾病患者、代谢障碍患者、急性病康复期患者等都比较适合采取医疗步行的运动方法。此外，在老年人保健中，医疗步行也是非常有效的手段之一。

医疗步行具有较强的针对性，运动量也容易调整，患者按医生的建议来练习就可以。在练习初期，患者每分钟步行的距离为 60 ～ 80 米，步行时间为 20 分钟，共走 1 200 ～ 1 600 米的距离。待练习一段时间后，步行时间可逐渐增加，但尽量不要超过 1 个小时，以锻炼后感觉精神好、身体舒适为宜。

（2）自行车

骑自行车是一种有节律的交替性运动，固定自行车或功率自行车运动更是如此。自行车运动中，骑行者下肢肌肉做主动运动，因而该运动能够有效锻炼下肢肌肉力量。此外，自行车运动还有利于促进呼吸系统、心血管系统、运动系统等机体系统功能的增强。在骑车锻炼中，骑行者要对正确的骑车姿势进行掌握，蹬车时要蹬出节奏，不能溜坡滑行，每分钟的蹬速一般为 90 次。骑行者可以通过调整阻力的方法来对运动量进行调整。

长距离的自行车运动属于耐力性项目，高血压病患者、慢性隐性冠心病患者比较适宜参与该项运动。

（3）慢跑

与医疗步行相比而言，慢跑的运动强度要大一些。通常，青少年心血管功能较好，心电图检测正常，有一定锻炼基础的慢性病患者，及身体健康且有一定锻炼基础的中老年人都比较适宜采取慢跑的方式来增强体质。慢跑时，跑步者全身要保持放松，手臂弯曲前后放松摆动，躯体正直，先以足跟着地，然后过渡到全脚掌着地。跑步时要调整好呼吸，呼吸与步子要保持协调，闭口或大张口呼吸都是不科学的。一般来说，初步进行慢跑练习时，一次慢跑的时间控制在 5 ～ 15 分钟，跑步者也可根据自己的实际情况增加跑步时间，但刚开始最好不要超过半小时。慢跑运动的强度比较大，跑步者在参与该项练习时，先要进行体格检查，以预防不测情况的发生。

（4）走跑交替

患者从医疗步行练习到慢跑练习的过程中，可以将走跑交替当成一种过渡练习方法。

在走跑练习中，患者可以先走一分钟，然后再跑一分钟，交替进行练习。在具体的练习过程中，需将走和跑的运动量掌握好，交替跑的时候速度可比持续跑时快一些，这不仅能够取得良好的效果，还能够保障安全。

2. 有氧运动的特点

强度低、有节奏、不中断、持续时间长等是有氧运动的主要特点，在参与有氧运动练习后，人们一般都会感觉到心情舒畅、神清气爽。有氧运动有利于促进血液循环的改善、机体新陈代谢的加强、多脏器功能的增强以及体质水平的提高。

3. 注意事项

第一，按照热身、运动、整理三个阶段来进行练习。练习过程中要合理调整运动量，以免引起过度疲劳的现象。如果运动后感觉呼吸急促、心跳加快，且连续 5 ~ 10 分钟都是如此，说明之前的运动量过大，这时就要适当减少运动量了。

第二，练习过程中要保持愉快的心情，要坚持不懈地练习，这样才能取得良好的效果。

第三，空腹与饱腹都不适合运动，运动前和运动后应当补充适量的水。

第四，以自身实际情况为依据，合理调整运动频率、运动时间、运动强度。

（二）器械运动

借助器械进行的主动、助力、抗阻或被动运动就是所谓的器械运动。器械运动中，要将器械的重量、惯性力量、杠杆作用充分利用起来，以此来加强动作的局部作用，促进个别肌肉群力量的增强。利用器械可以使运动强度增强、运动幅度扩大，这样更有利于良好锻炼效果的获取。例如，用固定自行车、自行车架对下肢肌力进行训练时，效果更好。哑铃、沙袋、球类、滑轮装置、扩胸器、体操棒、单双杠、功率自行车、活动平板、划船器等都是器械运动中常用的器械。器械运动具有较强的操作性，不但可以丰富体操动作内容，还能够促进患者锻炼兴趣的提高。

三、传统体育康复疗法

我国传统体育康复疗法具有突出的民族特色和丰富的运动形式，采用传统体育康复疗法进行康复训练时，要求患者有机结合意（意识）、气（呼吸锻炼）、体（体操动作），以取得良好的康复功效。

第二节　牵引与推拿按摩

一、牵引

通过牵引椅、牵引床、牵引架、双杠牵引等牵引器械来牵拉人体的某一部位，使关节和软组织得到牵伸，以此来达到治疗目的的运动就是牵引疗法。在对骨伤科疾病进行治疗时，经常会采用牵引疗法，康复医学中对牵引疗法的运用也比较多。牵引疗法的功能主要体现在关节复位、解除肌肉痉挛与挛缩、使神经压迫减轻、对关节畸形进行矫正。在对骨折、由运动损伤引起的腰部或颈部疼痛、由肌肉痉挛与挛缩引起的功能障碍或畸形等进行治疗时，采用牵引疗法能够起到良好的效果。

（一）常用的牵引疗法

1. 手法牵引

手法牵引包括徒手牵引和悬吊牵引。具体来说，徒手牵引的治疗方法能够使骨折伤筋复位；悬吊牵引指的是用带绳等进行牵引的方法，徒手牵引的力量较弱，悬吊牵引能够弥补这一不足，在腰部损伤的康复性治疗中适宜采取这一牵引方法。

2. 持续牵引

持续牵引指的是通过滑车装置，用重量在肢体的远端施加持续牵拉力，以对抗患部肌肉的牵拉力，从而达到复位、防止骨再移位等目的的牵引疗法。常见的持续牵引方法有骨牵引、皮肤牵引、布托牵引等几种。

（1）骨牵引

将不锈钢针或钢钉穿入骨骼所需的部位，可在钢钉或钢针上系上较大的重量来维持较长时间的牵引。这种牵引疗法对技术与设备的要求比较高。

（2）皮肤牵引

重量≤5千克、不宜持续过长时间的牵引，对皮肤破损者不能采用这一牵引疗法。

（3）布托牵引

布托牵引分连续牵引和间歇性牵引两种情况。

①连续牵引的重量在2～3千克之间。

②间歇性牵引的重量一般为5～10千克，每天可进行1～2次，每次牵引的时间为30～60分钟。

（二）牵引疗法的适应证

1. 矫形病例

（1）因为关节病变肌肉挛缩而导致的关节畸形可通过牵引疗法得到矫正。

（2）因为软组织挛缩而导致的关节畸形可通过牵引疗法得到矫正。

（3）用于急性化脓性关节炎患者的肢体固定休息。

2. 损伤病例

一般来说，牵引疗法主要适用于治疗运动损伤，尤其是骨折损伤，具体包括长骨、颈椎、骨盆等部位的骨折。除此之外，牵引疗法也可以用于治疗颈椎病、腰椎骨质增生等。

二、推拿按摩

（一）按摩概述

按摩又被称作是"推拿"，主要是通过手、足或器械在人体某部位进行各种手法操作，以达到刺激机体表面部位或穴位，促进人体生理功能提高与改善，缓解疲劳及防治疾病的目的。

我国中原地区最早出现推拿按摩，且最初按摩是针对气血不畅、筋骨不力而创立的，这在《素问·异法方宜论》中有相关记载："中央者，其地平以湿，天地所生万物也众，其民食杂而不劳，故其病多痿厥寒热，其治宜导引按跷，故导引按跷者，亦从中央出也。"[①]此外，《素问·血气形志篇》也记载："形数惊恐，经络不通。病生于不仁，治之以按摩……"这表明疏经通络、活气养血是按摩的主要治疗作用。

《黄帝岐伯·按摩十卷》是我国第一部按摩专著。虽然该专著没有留传下来，但从这本专著中可以了解到，在秦汉以前，我国就开始普遍运用按摩疗法了，且按摩疗法在秦汉时期就已经自成体系了。

现代按摩法的应用范围极为广泛，日常生活、体育运动以及医学方面都可以使用。具体来说，在日常生活中，人们通过按摩来缓解疲劳、防治疾病；在体育运动中，运动员通过按摩来对自己的生理机能进行调节，并以此来对运动伤病进行预防与治疗，从而促进自身运动能力的提高；在医学上，患者通过按摩来促进身体局部功能的恢复。

（二）按摩的常见手法

1.表面抚摩

（1）方法

双手的掌面或指腹轻轻贴在体表，然后双手活动做直线往返或圆形的擦摩动作。

（2）功效

表面抚摩的常见功效是有助于增强皮肤防护功能；能够促进皮肤细胞的新陈代谢，对衰亡的上皮细胞进行清除；促进汗腺、皮脂腺及神经末梢的生理机能的改善。

2.深部按摩

（1）方法

单手整个手掌（或掌根、指腹）贴压在皮肤上进行环旋摩擦，也可双手重叠进行按摩。

（2）功效

第一，促进血液循环和淋巴循环，使局部皮肤的营养状况得到有效的改善。

---

① 　邹克扬，贾敏.体育康复[M].北京：北京师范大学出版社，2011.

第二，使肌肉挛缩症状得以缓解，松解黏连。

3. 推法

推法包括重推与轻推两种手法，这两者在用力上存在很大差异，但按摩方法一样。

（1）方法

拇指以外的四指并拢，全手置于皮肤上，虎口稍抬，掌根用力沿静脉及淋巴流动的方向向前推动。也可以双掌交叉重叠进行按摩，按摩时主要是大鱼际和掌根部向前推动，推动时保持动作沉稳，覆盖面要大一些。

（2）功效

第一，轻推法对神经系统具有镇静作用。

第二，重推法能够促进淋巴的流动，使静脉血液的循环得到改善。

4. 捏法

（1）方法

拇指外展，并拢其余四指，手保持钳形。拇指和其余四指握持按摩部位，手指间断相对用力，一捏一放。可以固定捏，也可以移动捏，具体根据需要而定。

（2）功效

第一，可以有效缓解肌肉酸、肌肉胀、肌肉痛以及肌肉痉挛。

第二，通气利血，加快血液循环和淋巴循环。

第三，有助于缓解疲劳和恢复肌肉功能。

5. 搓法

（1）方法

双手手掌将按摩的肢体夹住，手掌相对用力、方向相反，来回进行往返搓动。搓动速度要快，但手的移动要慢一些。保持动作的协调与连贯，根据具体需要来调整手法的力度。

（2）功效

第一，使皮肤、肌肉、筋膜等组织得到放松。

第二，使肌肉痉挛的症状得以缓解，消除疲劳。

第三，促进新陈代谢，促进肌肉功能的恢复和工作能力的提高。

6. 按法

（1）方法

以一只手或双手（双手重叠、并列或相对）的手掌和掌根按压被按摩的部位，大约停留 30 秒的时间。手法的轻重力度应先由轻到重，再由重到轻，循序渐进地调整。

（2）功效

使肌肉得到放松，缓解疲劳，使酸胀、疼痛感减轻，对关节具有一定的整形作用。

7. 揉法

（1）方法

拇指或四指的指腹（或掌、掌根）与身体某一部位或穴位紧贴，做轻缓柔和的环旋揉动动作，使被按摩部位的皮下组织随手的揉动而缓慢滑动。

（2）功效

第一，有助于缓和刺激，从而减轻疼痛感。

第二，有效加快血液循环，有效改善细胞组织的新陈代谢。

8. 弹拨法

（1）方法

拇指的指尖或食、中、无名指的指尖深压被作用部位，做垂直于肌纤维方向的弹拨运动。

（2）功效

第一，对皮肤、肌肉和肌腱造成刺激，加快血液循环，分离黏连。

第二，对慢性损伤和风湿痛进行有效的治疗。

9. 运拉法

以身体不同的按摩部位为依据，可以将运拉法分为肩关节运拉、肘关节运拉、腕关节运拉、髋关节运拉、膝关节运拉等几种类型，具体方法如下：

（1）方法

① 肩关节运拉法

一手将被按摩者的肘关节握住，另一手按在其肩部上方，使其肩关节进行外展、内收、旋内、旋外以及环转运动。

② 肘关节运拉法

一手将被按摩者的前臂按住，另一手轻托其肘后，使被按摩者的肘关节进行屈伸、旋转运动。

③ 腕关节运拉法

一手将被按摩者的腕关节上方握住，另一手将其手掌中部握住，使被按摩者的腕关节做屈、伸、内收、外展以及环转运动。

④ 髋关节运拉法

被按摩者仰卧，按摩者一手将被按摩者的小腿下部握住，一手按在其膝关节上，使其髋关节弯曲，并使其髋关节做屈、伸、展、内收以及环转运动。

⑤ 膝关节运拉法

被按摩者仰卧，按摩者一手将被按摩者的踝部握住，另一手按在其膝关节上方，使其膝关节弯曲并做屈、伸、旋内、旋外等运动。

（2）功效

滑利关节，松解黏连，促进关节功能的恢复。

10. 推压法

（1）方法

手指或手掌紧压皮肤，进行向前、向心的直线形推压。

（2）功效

第一，消肿止痛、行气散瘀。

第二，舒筋活络，促进肌肉组织的兴奋。

第三节　功能锻炼

功能锻炼也叫"练功疗法"，在古代被称为"导引"。自古代开始，医学界一直都把功能锻炼当成一种特殊的、重要的治病手段。功能锻炼在治疗运动性损伤方面能够发挥尤为显著的作用。当人体的骨和关节出现损伤，当人体的功能出现障碍或丧失时，功能锻炼能够在治疗过程中发挥重要作用，对骨和关节的功能恢复有很大的积极作用。

一、功能锻炼的形式

（一）局部锻炼

患者重点锻炼伤肢，通过伤肢的自主活动来促进功能的恢复，同时对关节僵硬、筋肉萎缩进行预防。例如，如果患者是肩关节受伤，可通过耸肩、握拳、上肢前后摆动等方法来恢复肩关节功能；如果是下肢受伤，可通过踝关节背伸、膝关节屈伸、股四头肌舒缩等练习方法来不断恢复。

（二）全身锻炼

患者进行全身活动，可促进气血运行的通畅，从而可尽快恢复整体脏腑功能。全身锻炼不仅具有防病治病的功效，还可以使方药疗效的不足得到弥补。

（三）器械锻炼

采用器械进行锻炼的目的主要是使伤肢的功能尽快恢复，促进伤肢力量的增强。手拉滑车、蹬车、铁球等都是器械锻炼中的常用器械。手拉滑车可以促进肩关节功能的恢复；小铁球可促进手指关节功能的恢复。

练功疗法的体位有卧位与立位之分。患者在损伤初期，一般不可长时间站立，因此可进行卧位锻炼；损伤后期，身体好转时，可采用立位方式来锻炼。以练功的动作为依据，可将练功疗法分为气功呼吸及运动肢体的练功法。针对内伤的功能锻炼以前者为主、后者为辅；针对外伤的功能锻炼以后者为主、前者为辅。针对不同的伤肢进行有针对性的训练，不但可以促进患者的康复，还能够促进体力的增强和体质的改善。

二、功能锻炼的方法

（一）上肢功能锻炼

1. 耸肩

（1）锻炼方法

患者保持站立位姿势，健手将患臂的肘后扶托住，然后肩臂向上移动，主动做耸肩动作，可逐渐增加动作弧度，反复练习 25 次左右。

（2）适用范围

肩周炎患者、肩部骨折患者、脱位的中后期患者适宜采用耸肩疗法。

2. 摸壁压肩

（1）锻炼方法

患者面向墙，患肢手掌扶在墙上并慢慢向上移动，然后再做压肩动作，持续 30 ～ 60 秒的时间，连续练习次数为 4 ～ 8 次。

（2）适用范围

肩部损伤患者，肩周炎患者等适宜采用摸壁压肩的练习方法。

3. 肩屈伸、外展

（1）锻炼方法

患者保持立位或坐位的体位姿势，患肢肘部屈曲，健手将患肢肘后部托住，然后尽可能地完成前屈、后伸和外展的动作，反复练习 10 ～ 20 次。

（2）适用范围

肩屈伸、外展这一锻炼方法的适用范围与耸肩的适用范围相同。

4. 仰卧击掌

（1）锻炼方法

患者仰卧，伸直双臂并向外展大约 80°，掌心保持向上，双臂逐渐向上抬，抬到头部前上方时击掌，然后还原，反复进行 10 ～ 20 次的练习。

（2）适用范围

骨盆、脊柱、下肢等部位骨折的患者适宜采用仰卧击掌的锻炼方法。

5. 前屈后伸

（1）锻炼方法

患者保持立位姿势，两脚分开，双脚间的距离同肩宽，两手自然垂于体侧，肩关节最大限度地做前屈、上举的动作，然后还原并用力向后伸展。

（2）适用范围

前屈后伸这一锻炼方法的适用范围与摸壁压肩的适用范围相同。

6. 冲拳

（1）锻炼方法

患者保持立位姿势，两脚分开，双脚间的距离同肩宽（或取马步半蹲位），双手握拳置于腰部两侧，向前用力做冲拳动作，然后还原，左冲拳和右冲拳交替进行。连续练习20～30次（一左一右为一次）。脊柱损伤患者、下肢骨折患者可在床上进行冲拳练习。

（2）适用范围

肩、肘损伤患者，下肢、肘、脊柱、前臂等部位骨折患者适宜采取冲拳锻炼方法。

7. 后划臂

（1）锻炼方法

患者保持立位姿势，两脚分开，双脚间的距离稍比肩宽，双手自然垂于体侧，向前适当弯腰，双手向后模拟划水动作，反复做20次左右。

（2）适用范围

肩周炎患者、肩部损伤患者、肘关节脱位患者、骨折患者等适宜采用后划臂的方法来锻炼。

8. 拉锯式练习

（1）锻炼方法

患者做弓箭步动作，健肢托患肢前臂屈肘，向前伸臂、伸肘，然后用力回抽屈肘，从小到大来调整动作幅度，连续进行25次左右。

（2）适用范围

前臂骨折后期患者、肘部损伤患者适宜采用拉锯式练习方法。

9. 牵拉滑车

（1）锻炼方法

患者在滑车装置下保持立位或坐位姿势，双手分别将绳两端抓住，以健肢带动患肢慢慢用力来回牵拉绳子。

（2）适用范围

肩周炎患者，肱骨髁上骨折后期患者及肩部、肘部损伤后期患者适宜采用这一练习方法。

10. 空手握拳

（1）锻炼方法

患者保持坐位或立位姿势，肘部弯曲90°，两手手心保持相对，用力握拳，然后双手十指放松地伸开，重复该动作25次左右。

（2）适用范围

腕舟骨骨折患者、桡骨远端骨折患者适宜采用空手握拳的方法来进行练习。

11. 前臂旋转

（1）锻炼方法

患者保持立位姿势，两脚分开，两手各握一根短棒，肘部弯曲置于腰间，前臂进行旋前和旋后运动，双臂交替进行练习。

（2）适用范围

肘、腕关节损伤患者、前臂及桡骨远端骨折后期患者适宜采用这一锻炼方法。

（二）脊柱功能锻炼

1. 俯卧位体后起练习

（1）锻炼方法

抬头挺胸：俯卧，双手向后伸，挺胸抬头，胸离开床面，再还原，连续进行 8 ~ 10 次。

向后举腿：俯卧，双腿向后举，再还原，连续进行 8 ~ 10 次。

抬头挺胸并举腿：俯卧，挺胸抬腿同时向上举腿，再还原，连续进行 8 ~ 10 次。

（2）适用范围

俯卧位体后起练习适用于腰椎间盘突出患者、腰肌劳损患者及脊柱损伤后期患者等。

2. 拱桥练习

（1）锻炼方法

三点支撑：仰卧，以头和双脚为支撑点，胸部与腹部尽量向上挺，再还原，连续进行 8 ~ 10 次。

五点支撑：仰卧，以头、双肘和双脚为支撑点，胸部与腹部尽量向上挺，再还原，连续进行 8 ~ 10 次。

拱桥：仰卧，以双手、双脚为支撑点，胸部与腹部尽量向上挺，再还原。

（2）适用范围

拱桥练习的适用范围与俯卧位体后起练习的适用范围相同。

3. 颈部活动

（1）锻炼方法

患者保持站位或坐位姿势，双手自然垂于体侧或叉在腰间，头尽可能地做前屈、后伸动作，然后再进行左右侧屈、旋转，分别做 5 ~ 10 次。

（2）适用范围

颈椎病患者、颈部损伤患者等通过颈部活动练习能够取得良好的效果。

4.腰部屈伸、侧弯

（1）锻炼方法

患者自然站立，两脚分开，双脚间的距离同肩宽，双腿伸直，双手叉在腰间，腰部做前屈、后伸和左右侧弯的动作，分别做 15 次左右，逐渐增加动作幅度。

（2）适用范围

腰背损伤中后期患者适宜采用腰部屈伸、侧弯的练习方法。

（三）下肢功能锻炼

1.足踝屈伸

（1）锻炼方法

患者仰卧，两脚分开，双脚间的距离同肩宽，足踝用力背伸，跖屈，反复进行 15 次左右。

（2）适用范围

髋、膝关节损伤早期患者；股骨、胫腓骨、脊柱等部位骨折患者等适宜采取足踝屈伸的方法来进行锻炼。

2.股四头肌静力性练习

（1）锻炼方法

患者的患肢关节不活动，股四头肌用力收缩、舒张，反复进行 25 次左右。

（2）适用范围

股四头肌静力性练习适用于软组织损伤早期患者、关节脱位患者及下肢骨折患者等。

3.下肢旋转

（1）锻炼方法

患者仰卧，双腿分开并伸直，沿下肢纵轴做内旋和外旋练习，连续进行 15 次左右。

（2）适用范围

下肢旋转活动适用于脊柱脱位与骨折患者、骨盆骨折伴神经损伤患者等。

4.髋膝屈伸

（1）锻炼方法

患者仰卧，双腿伸直，脚不离床，单腿尽可能地屈膝，然后伸直，双腿交替进行练习，左右各做 15 次左右。

（2）适用范围

髋膝屈伸的练习方法适用于脱位损伤早期患者、膝关节损伤后期患者及脊柱骨折患者等。

5. 下蹲

（1）锻炼方法

患者保持立位姿势，面向床，两脚分开，双脚间的距离同肩宽，双手将床缘抓住，慢慢向下蹲，然后起立，连续进行 15 次左右。

（2）适用范围

下蹲运动适用于脊柱损伤后期患者、下肢骨关节损伤患者等。

6. 直腿抬高

（1）锻炼方法

患者仰卧，双脚分开，慢慢向上抬起，然后患肢还原，连续进行 15 次左右。

（2）适用范围

直腿抬高适用于腰肌劳损患者，下肢骨折后期患者，脊柱骨折、脱位患者等。

7. 弓箭步压腿

（1）锻炼方法

患者保持立位姿势，患足在前，健足在后，上身向前倾，双手扶在膝盖上慢慢用力下压大腿，连续进行 15 次左右。

（2）适用范围

弓箭步压腿练习适用于下肢骨、关节损伤后期患者。

三、功能锻炼的要点

（一）辨证施功，分类指导

进行功能锻炼时，患者要以自己的伤病情况（部位、性质、程度）为依据来科学选择有效的练习方法，而且须在医务人员的监督与指导下进行锻炼。在锻炼开始之前，应当制订出各个阶段的康复计划，采取分阶段锻炼的方式，如此才能保证取得理想效果。

（二）循序渐进

在功能锻炼初期，可结合理筋手法来进行练习，并逐渐增加练功次数和练功时间，由小到大调整运动幅度，先练习简单动作，再练习复杂的动作。练习强度以不加剧疼痛或有轻微反应但还能忍受为宜。患者不宜采用粗暴的、被动的活动方法来进行锻炼。一般每天须锻炼 2～3 次，后期可根据需要适当增加每天的练习次数。

在具体的锻炼过程中，患者的持续练习时间、运动量、运动方式等都不是固定不变的，可具体以损伤的恢复情况、治疗效果及患者自我感觉为依据进行适当调整。在刚开始练功时，肢体可能会感到轻度疼痛，但之后这种疼痛感会慢慢减轻，且活动功能会逐步增强，如果骨折部位疼痛没有缓解，反而更加剧烈，则应对练功方法进行检查，调整练功形式、运动量或运动时间。下肢骨折患者初步进行功能锻炼时，先从不负重开始，然后逐步负重扶拐进行步行锻炼，最后进行负重不扶拐步行锻炼，总之是要有一个过渡阶段。如果患肢在练习过程中出现肿胀的现象，可将患肢抬高，待消肿后再继续进行负重练习，如此反复多次就能够慢慢适应了。

（三）兼顾全身与局部，动静有机结合

患者进行功能锻炼应以主动活动为主、被动活动为辅，尽可能以健肢带动患肢来进行练功，且注意将局部与整体结合起来。医生应向患者提供指导，将练功的目的、意义及必要性向患者讲清楚，与患者保持良好的互动关系，并引导患者主观能动性的充分发挥，促进患者练功时信心和耐心的增加。

上肢锻炼旨在恢复手的功能。上肢损伤患者在练功时应注意活动手部各指间关节、指掌关节，从而促进各关节活动的灵活性的增加。恢复负重和行走功能、提高下肢关节的稳定性是下肢功能锻炼的主要目的。针对下肢损伤的患者，练功过程中应当着重锻炼臀大肌、股四头肌和小腿三头肌。

（四）合理搭配辅助治疗方法

患者在进行功能锻炼的过程中，可适当地配合一些辅助疗法，以增强治疗效果，尽快恢复受伤部位的功能。常见的辅助疗法有热敷、熏洗、擦药酒或药油等。

（五）注意防寒保暖

在练功时，患者应当密切关注季节变化和气温变化，气温下降时应当做好防寒保暖工作，从而有效防止感冒对伤病治疗产生负面影响。

（六）不做对骨折愈合不利的活动，避免产生新损伤

骨折患者在进行功能锻炼时，要注意避免做不利于骨折愈合的练习动作，否则会引发新的损伤，影响治疗进程。一般来说，做与骨折原来移位方向一致的活动就会造成骨折再移位，这有损于骨折愈合。胫腓骨骨折患者过早进行直腿抬高练习、尺桡骨骨折患者过早进行旋转活动练习等，都容易引发新的损伤。所以，骨折患者在具体的练习过程中，要详细了解每个锻炼方法的功效与适用范围，并虚心听取医生的指导与建议。

第四节 保健康复运动处方

一、运动处方的概念

运动处方是对运动锻炼者或康复患者，根据医学资料，按其健康、体力以及心血管功能状况，用处方的形式对运动种类、运动强度、运动时间及运动频率做出规定，将运动中的注意事项提出，以对人们科学参加体育锻炼或进行身体康复活动进行指导的一种方法。一个合理的运动处方对体育锻炼者身体素质的发展具有重要的作用及意义。这主要表现在以下几个方面：

1. 良好的运动处方能有效改善体育锻炼者的身体状态，提高体育锻炼者的身体素质，同时还能预防各种疾病，如肥胖症、高血脂、冠心病等。

2. 体育锻炼者按照运动处方的内容进行身体锻炼能有效提高综合运动能力，为掌握各种运动技能打下良好的基础。

3. 体育锻炼者按照事先制定好的运动处方进行体育锻炼，能有效避免运动损伤，提高身体锻炼的安全性。

二、运动处方的分类

在持续完善运动处方的过程中，始终强调的一点是身体状况不同的人区别选择锻炼方法，当锻炼目标不尽相同时，同样应当区别选择锻炼方法，尤其是患有疾病的体育锻炼者更应该以运动处方为依据进行科学的锻炼与治疗。保健康复运动处方的常见分类如下：

（一）以构成体质的要素为分类依据

1. 调节人类心理状态的运动处方

人的心理是否健康直接影响人的身体健康，因此维持心理健康十分重要。心理健康的人往往情绪比较稳定、正常，其生理功能能够得到正常的发挥，并能够对各种刺激（来自内环境与外环境）进行良好的适应。对健心运动处方的制定很有必要，它能够对体育锻炼者的心理健康进行指导与促进。

2. 有助于提高身体机能的运动处方

人身体的各个器官、各个系统以及人整体等多方面呈现出来的生命活动现象就是所谓的身体机能。针对人体的身体机能对运动处方进行相应的制定有利于促进人体各器官与系统功能的大幅增强与充分发挥。

3. 有助于改善身体形态的运动处方

身高、体重、三围、坐高等指标都能够对人的身体形态进行反映。针对人的身体形态对相应运动处方进行合理的制定有利于指导锻炼者改善自身的身体形态。

4. 有助于增强适应能力的运动处方

当人们所处的周边环境有所改变时，其会或主动或被动地调整自己的状态，使自己与改变了的环境相适应。针对体育锻炼者适应能力而制定的运动处方能够促进人们适应能力的不断提高，使人们在环境发生变化后及时调整状态，尽快适应新环境，以起到保护自己的积极作用。

5. 有助于发展身体素质的运动处方

身体素质具体是指力量、耐力、速度、灵敏、柔韧等人体肌肉活动所呈现出来的能力。人体需要不断对新的环境进行适应，而适应新环境就需要人体具备一定的身体能力，身体能力的重要因素就是各项身体素质。针对身体素质所制定的运动处方能够促进体育锻炼者身体素质的全面发展。

（二）以锻炼的器官系统为分类依据

1. 心血管系统的运动处方

心血管系统的运动处方能够促进运动锻炼者心血管系统功能的提高，同样有利于对高血压、冠心病等疾病的防治。

2. 神经系统的运动处方

神经系统的运动处方能够有力地促进神经系统功能的提高与改善，使一些神经系统疾病得以防治。

3. 呼吸系统的运动处方

呼吸系统的运动处方能够促进健身锻炼者呼吸系统功能的不断提高与改善，使一些呼吸性疾病（气管炎、哮喘等）得以有效地预防与治疗。

4. 运动系统的运动处方

运动系统的运动处方能够促进体育锻炼者运动系统功能的提高与发挥，使关节炎、颈椎病等疾病得以有效地防治。

5. 消化系统的运动处方

消化系统的运动处方有利于体育锻炼者消化功能的提高与改善，使消化不良的症状得到有效的防治。

（三）以实施运动处方的环境为分类依据

1. 学校锻炼运动处方

学校锻炼属于区域性的体育活动，它开展的物质基础就是学校的体育设施。参与这项活动的主体是全校的学生。学校锻炼运动处方指的是以学校环境与锻炼条件为基础而确定的运动处方。具体在安排运动处方的内容时，要对学生的性别、年龄及身心特点进行充分的考虑，此外还要以学校所处的周边环境、软硬件设施与物质条件为具体依据。

2.家庭锻炼运动处方

家庭锻炼指的是主动体育锻炼者——家庭成员在其所居住的环境中进行身体锻炼的活动。家庭健身运动处方顾名思义就是针对家庭锻炼而制定的运动处方。家庭条件，家庭成员的性别、年龄、身心特征等是对家庭健身运动处方进行制定的主要依据。

3.健身俱乐部锻炼运动处方

健身俱乐部锻炼运动处方指的是通过对俱乐部的条件加以利用而制定的运动处方。在健身俱乐部依据运动处方所进行的练习主要包括器械练习与舞蹈练习。

三、运动处方的内容

（一）运动项目

1.体育锻炼项目的类型及功能

大体上，我们将体育锻炼项目分为三类，即伸展柔韧性运动、抗阻力量性运动和有氧耐力性运动。

（1）伸展柔韧性运动

伸展柔韧性运动主要功能是对呼吸的节奏与频率进行调整。常见的这类运动有医疗体操、健美操（慢节奏）和养生气功（八段锦、导引术、六字诀、五禽戏等）。

（2）抗阻力量性运动

抗阻力量性运动的主要功能是促进体育运动参与者力量的增强，塑形美体。这类运动常见的练习有阻抗法力量练习（利用橡皮筋与弹簧的阻力）和负重法力量练习（利用杠铃、哑铃等的力量）。

（3）有氧耐力性运动

有氧耐力性运动的主要功能在于促进体育锻炼者有氧工作能力的不断提高与改善。这类运动中常见的运动形式有有氧舞蹈、自行车、走（慢走、快走与竞走）、跑（慢跑、健身跑、跑步机上跑）、走跑交替等。

2.选择体育锻炼项目的原则

体育锻炼项目多种多样，然而却没有一个十全十美、完全没有瑕疵的完美运动项目，可以说任何一项体育锻炼项目都是有不足与缺点的，都是长处与劣势并存的。

例如，如果年轻人身体状况良好，就可以通过参与稍大强度的跑步运动来提高自身的心血管机能，然而强度大的跑步运动持续较长的时间后，就会损害机体的免疫机能。再如，太极拳运动的动作柔和缓慢，没有较大的运动负荷，人们参与其中能够促进免疫机能的良好发展，然而，因为太极拳运动没有较大的运动强度，因此对改善心血管机能的作用不大。

体育锻炼者在对锻炼项目做出选择时，要以个人的体育爱好、身体情况、运动能力、周边环境、经济实力、家庭条件等因素为依据。通常选择的锻炼项目不要过多，两三个即可。所选的运动项目最好是属于不同类别的，以便它们之间能够相互补充对方的不足与缺点，并促进身体素质的全面发展。例如，体育锻炼者可以在完成跑步运动后做太极拳运动的练习，这样不但可以促进心血管机能的改善，同时也可以促进免疫机能的发展。

从上述可知，选择体育锻炼项目的主要原则就是以运动目的、身体水平及运动能力为依据和参照进行选择，在体育锻炼项目的三种类型中各选一种进行参与。如果受一些因素的影响而无法选择三种不同的锻炼项目时，就要以有氧耐力性运动项目为主，以此来促进身体健康水平的不断提高和身体素质的不断发展。

此外，体育锻炼者要注重身体中大肌群对运动的参与，在选择运动项目时，要充分结合动力性和静力性两种运动，结合局部和全身两种运动，主要参与的是全身动力性运动，同时以局部静力性运动为辅助运动。

有些人没有任何参加体育锻炼的经验，或者参加运动锻炼的经验很少，这些人在选择锻炼项目时应该主要选择周期性运动，这类运动没有复杂的动作，而且其能够控制运动强度；当然，个人的体育爱好和能力习惯也是要考虑的因素。在一定时间段内，体育锻炼者选择的运动项目应当处于稳定状态，有效防止因过度更换造成的身体不适，同时多次更换会对改善锻炼效果有负面作用；同时不可以长时间不更换运动项目，原因在于锻炼者在长时间内参与一种运动往往会出现疲劳。

（二）运动时间

1.适宜的运动时间

体育锻炼者参与锻炼的效果会受到运动持续时间的直接影响。通过体育锻炼，能够将一种良性的刺激作用于人体，如果这种刺激作用于人的时间较长，就会使人体在多方面都对其产生适应性，如生物化学和机能方面、形态结构方面等，这就会相应地改善人体的身体健康状况和提高人体的运动能力。所以说，只有持续一定时间的体育锻炼，才能获得明显的锻炼效果。

运动生理学方面的专家认为，体育锻炼的效果不仅与运动强度有着十分明显的关联，而且也会受到运动持续时间长短的影响，持续时间甚至在一定程度上会对锻炼效果产生决定作用。专家认为，体育锻炼者要想取得良好的锻炼效果，每天通过运动锻炼消耗的热能不能低于200千卡。现在，我国提倡人们每天利用一小时时间来参与体育锻炼运动，每天一小时的运动时间与运动生理学理论是相符的，有利于锻炼效果的取得。有些锻炼者每天只进行十几分钟的运动，这就会因为运动时间太短而无法取得良好锻炼效果。

有一点需要强调，虽然倡导锻炼者要持续一定时间的运动，但并非持续时间越长，就能取得越好的锻炼效果，时间过长就会在锻炼中感觉到疲劳，甚至会对身体造成损害。有些锻炼者对某项体育运动特别沉迷，所以就会花费很长时间来参与其中，但他们并不一定能获得良好的锻炼效果，甚至会造成相反的结果。无论参与哪种类型的运动，持续时间过长都会对身体机能产生损害，对参与者的身体健康带来不利影响。

2. 每天参与一次持续时间较长的运动

每天参与一次持续时间较长的体育锻炼运动是最为合理的选择，这主要是从两个角度考虑的，即时间成本和锻炼效果。如果一个人每天进行两次体育锻炼运动，而每次持续的时间是半小时，而另一个人每天进行一次体育锻炼运动，而每次持续一个小时的时间，那么，前者所获得的锻炼效果一定不如后者。

体育锻炼者每天在进行持续时间较长的运动锻炼时，首先要将准备活动做好，而且在结束长时间的运动锻炼后，也要进行一些放松性的小活动。然而，有些年轻人每天忙于家务与工作，没有充足的时间参与健身运动，更没有时间进行持续较长时间的体育锻炼，所以，他们只能在下班后的空余时间进行体育锻炼，其实，他们也可以通过步行、跑步上班来代替坐车，这样也可以锻炼身体。然而一天进行几次短时间的运动是无法取得良好健身效果的，而且还会浪费不必要的时间，因此说每天进行一次长时间运动能够减少时间成本，并且能够获得良好的锻炼效果。

除此之外，人们通常会将体育锻炼的时间安排在清晨、傍晚和夜间，其实在这三个时间段进行锻炼所取得的体育锻炼效果是不会有很大差别的。如果所居住的城市环境良好，早晚没有很明显的空气质量差，就几乎不会对运动锻炼效果造成影响。有些人在夜间锻炼之后就会影响睡眠质量，造成失眠现象，这类人就不要选择在夜间锻炼，但有些人不会影响到睡眠，所以夜间运动也是可取的。

（三）运动强度

健身运动者在进行健身运动过程中，安全性与健身的效果都会受到运动强度的直接影响。体育锻炼的效果与安全这两个方面是一个矛盾的双方，二者是对立统一的关系。通常而言，健身效果是与运动强度成正比的，即后者越大，前者越好。这是当运动强度在一定范围内时成立的。但是，如果体育锻炼者以过大的运动强度进行体育锻炼，就会对安全造成一定的影响与威胁。因此体育锻炼者要以自己的身体状况与运动能力为依据来对运动强度进行确定，保证体育锻炼中运动强度的适应性，这样不仅能够使安全得到保障，而且能够促进良好健身运动效果的获得。

1. 选择适宜的运动强度

有很多方法都能够对运动的强度做出判定，下面做简单阐述：

（1）通过最大吸氧量的百分比衡量

通常而言，身体处于健康状态的人的运动强度占最大吸氧量的 60% ~ 70%。如果是老年人或者患有疾病的人，其运动强度占最大吸氧量的 40% ~ 60%。

（2）通过无氧阈表示

运动强度通过无氧阈来表示的优点是：运动强度在达到无氧阈之前乳酸还没有在体内堆积，所以，机体不容易出现疲劳，能够将运动的时间进行适度的延长；呼吸不通畅或难以正常呼吸的情况不容易在运动中出现；不需要进行最大运动量就能够对运动中的氧代谢能力进行测定，具有客观性及安全性的特点；能够在结束运动一段时间后再对无氧阈进行测定，比较运动前后反映出的变化，以对运动效果做出判定。

（3）通过自我感觉衡量

伯格是提出运用自我感觉对运动强度做出判定的第一人，因此这一方法又称为"伯格指数"。这一方法的使用要对主观劳累程度进行等级划分。最大吸氧量的 60% 在伯格指数中对应的是 13 分。

（4）通过靶心率判定

一般来说，最大运动强度时的心率就是最大心率。运动强度达到最大时，心脏已经将自身的功能发挥到了最大限度。靶心率指的是人体完成最大做功的 60% ~ 70% 时的心率，运动适宜心率是靶心率的又一说法。据研究表明，人体运动的心率控制在靶心率范围内时，运动健身的效果较好，而且能够使身体的安全得到有力的保障，特别对老年人的身体健康更有利。60 岁以上同时患有慢性病的老年人，通常适宜的靶心率为 170 减去年龄的值，即靶心率 =170 —年龄。

（5）通过卡沃内公式表示

卡沃内公式也是对运动强度进行判断的主要方法。适宜的运动强度是人体运动中的心率等于下列计算结果的时候。

最大心率 =（220 —年龄）± 10（次 / 分）

2. 不要随便改动运动强度

一旦确定运动强度，就不建议对其做随意改动。在运动过程中，体育锻炼者同样不可以随意改动运动强度。如果体育锻炼者的运动方面的系统存在缺陷，或者心血管机能有问题，就更不能改动运动负荷了，要对运动处方中规定的运动强度严格加以遵守，以此为依据来参与体育锻炼。优秀体育锻炼项目的运动强度富于变化，起伏不定，稳定性较差，所以患有身体疾病尤其是慢性疾病的体育锻炼者是不适合参与竞争十分激烈的体育运动的。

有些学校、单位或俱乐部会组织与举行一些运动项目的比赛，如长跑，在比赛中获得胜利或者前几名的参与者会获得奖品。这一比赛较为随意，不够正式，而且奖品也很普通，没有特别丰厚的奖品。但是这仍是带有竞争性质的一项比赛，参与者为了获得荣誉与奖品而全身心投入其中，可能会以超过自身所能承载的范围的运动强度来进行比赛，这就有可能导致安全事故的发生。

为了避免发生安全事故，学校、单位与俱乐部在举行长跑比赛时，可以用健步活动代替长跑比赛，不管参与者是将这段规定的路程走完还是跑完，都会获得同样的奖品。这样就把活动的竞争性给弱化了，不管运动能力高低，不管身体素质好坏，参与者都可以自己的实际情况为依据来确定运动强度，并依此来参与其中。

学校或单位在对需要群体参与的体育活动进行组织与举办时，要事先评估参与者在运动过程中可能会出现的风险，要对制约运动正常举办的因素进行确定。如此，每一个参与者都会充分考虑自己的身体情况，考虑自己的运动能力，在对这两方面进行考虑的基础上来完成活动规定的任务，这样安全便有了保障。

（四）运动密度

1. 每天和每周的运动密度

人们应该尽可能地每天都参加体育锻炼，将它作为一种习惯长久地坚持下去。人们应该将体育运动当作生活中的一个重要部分，要学会对其进行享受，而不是将其当作一种压力与负担被动地参与其中。运动密度由每天的运动密度和每周的运动密度组成。

（1）每天的运动密度

确定每天的运动密度时，要以体育锻炼者自身的体育爱好和生活与工作情况为依据。很多人都会忙于工作，锻炼的时间很少，每天抽出一个小时持续进行运动是比较困难的，这时他们可以分开来锻炼，但是分开的时间总和要比一小时多，这样才能保证良好锻炼效果的取得。

（2）每周的运动密度

对于每周的运动密度，通常而言，体育锻炼者每周至少要有五天时间参与运动，这样才能使身体健康状况得到改善。

2. 周末运动不可过猛

一些年轻人在工作日没有时间参加体育锻炼，所以只能利用周末来运动，而且他们往往会在周末从事一些特别激烈的运动，这样的锻炼安排是不科学的。虽然这些人周末进行了长时间、大强度的体育锻炼，然而仅靠周末的运动是无法达到每周适宜运动量的，这样也就无法取得良好的锻炼效果。此外，这些人工作日没有时间运动，而周末大强度运动，这会导致其机体与生理的失衡，而且很可能会发生运动损伤的现象。他们在过完周末后，机体因为承受了过多的负荷而处于疲劳状态，恢复就要花费很长时间，因此就会影响工作效率。

3. 合理安排运动间歇时间

人们在进行体育锻炼的过程中，一般会在中途休息，这一部分休息的时间就是间歇时间。体育锻炼者要以自己的健康情况和所参与的体育运动的特点为依据来对间歇时间的长短和间歇次数做出安排。如果从事的是大负荷力量性的练习，就要按规定确定间歇时间和次数。要合理安排运动间歇时间，严禁对下一组的练习质量产生消极作用。

（五）注意事项

1. 准备活动要充分

进行体育锻炼之前，要做好充分的准备活动。主要原因是准备活动能够促进肌细胞内代谢酶的活性的提高，能够促进内脏器官特别是心血管系统的机能水平的提高，能够使锻炼过程中肌肉收缩的能量供应得到保障，以预防发生肌肉拉伤的现象。

2. 不宜空腹晨练

一些锻炼者通常在早上不吃早餐的情况下就去锻炼身体，这一锻炼习惯是不利于身体健康的。人体在前一天吸收的营养物质在经过一整晚的消化吸收后，机体处于低代谢状态，如果在次日进行锻炼之前，机体不补充食物，心脑血管疾病就很容易产生。所以，锻炼者在早晨参加体育锻炼之前，尽量不要空腹运动。特别是一些得了慢性病的锻炼者更不适宜空腹锻炼。但是饱腹运动也不科学，吃得过饱健身，就会使机体各部位得不到充足的供血，影响机体功能的正常发挥。如果锻炼者患有高血压及心脑血管疾病，那么早晨锻炼之前要先吃一些降血压的药物。

3. 不宜饭后立即锻炼

人的胃在吃饭后会十分充盈，人在自己的胃处于这一状态下步行时，容易导致消化道缺血现象的发生，食物得不到顺利消化，功能性消化不良疾病可能由此产生。倘若吃的食物过多，胃肠负担有所加重，胃下垂等疾病发生的概率就会上升。如果锻炼者患有心脑血管疾病，饭后锻炼更是万万不可的，这是由于吃饭后脑部血流不足，如果马上进行锻炼会更加减少心脑的血液供应量，这会使心脑血管疾病不断加重。有关专家建议，饭后40分钟是最适合锻炼的时间，如果要进行大强度持续时间长的锻炼，就要在2～3个小时后。

4. 注意科学补液

（1）补液原则

补液原则的要点是重预防、少量多次、补大于失。具体来说，重预防是指补水可以使脱水和运动能力下降的现象得到避免；少量多次是指补水时要少量多次，不要一次喝大量的水，这会引起肠胃不适，而且不利于心血管系统功能的正常发挥；补大于失是指水的补充量要大于消耗量，这样才能使体育锻炼者的运动能力得到保障，并有利于体力的恢复。

（2）补液的方法

①运动前补液

在进行锻炼之前，锻炼者可以饮用含有部分糖和电解质的饮料，要以具体情况为依据对补充的量进行确定，锻炼前两小时补充含电解质和糖的运动饮料的量为400～600毫升。每次补充100～200毫升的饮料。

②运动中补液

运动过程中锻炼者会大量出汗，运动中补水主要是为了防止脱水。运动中补水也要遵循少量多次的原则，每隔15～20分钟补充一次，每次补充150～300毫升含糖和电解质的饮料。每小时补水的总量要少于800毫升。

③运动后补液

运动后补水也称"复水"，运动过程中，锻炼者补充的液体通常要比流失的少，所以要在运动后及时将流失的液体补充回来。运动后补水也不能毫无克制地大量补充，含有糖和电解质的运动饮料是比较适宜的液体。

5.冬天锻炼要注意保暖

在冬天进行锻炼时，如果体育锻炼者选择小强度的项目进行锻炼，着重需要保暖的部位是肢体末端；如果选择大强度运动项目进行锻炼，在锻炼中就会有很多热量产生，出更多的汗，这时要注意不要穿戴过多，以便汗能够蒸发。但是结束锻炼后，要注意保暖，避免感冒。

6.慢性病患者要保证自身安全

体育锻炼者在进行一定时间的锻炼之后，就会在呼吸系统与心血管机能中出现一些不适，主要表现为呼吸不通畅、肌肉酸疼等。当身体上出现这种现象后，如果没有停止运动，继续按照先前的强度进行锻炼，这些不适感就会逐渐地消失不见，这时体育锻炼者处于重新振奋的状态，与初始振奋状态相似。

患有心血管系统慢性疾病的体育锻炼者，他们在锻炼过程中会感到呼吸不通畅、胸闷等，这主要是由于他们所安排的运动强度超出了心脏能够承受的范围，导致不能提供充足的心肌供氧量。当出现这些症状时，应该停止锻炼，将运动强度降低后继续锻炼，如果严重的话，要及时送医。

7.把讲究卫生贯彻在各个环节

当人体处于运动状态时，会加快体内物质代谢的速度与进程，这离不开环境对其造成的影响。所以，环境卫生在运动锻炼中需要特别强调。例如，运动场所的空气是否浑浊、地面是否平整、游泳时水质是否有污染等。如果空气中含有大量的污染物，这会对人体健康造成不利的影响，所以在污染严重的环境中锻炼不可取。如果室外是雾霾天气，也不适合锻炼，最好在室内锻炼。

8.在锻炼过程中，应保证身心健康和社会适应处于和谐状态

现代健康的概念具有全面、广泛与多元的特点，涵盖了生理、心理及社会三个主要方面。在健康的三个主要内涵中，一个人生理与心理的健康状况对其社会适应性具有决定性影响。身体健康以心理健康为精神支柱，心理健康又以身体健康为物质基础。一个体育锻炼者如果其在心理方面具有良好的情绪，那么就有利于促使自身的生理功能同样处于良好状态；反之，如果情绪状态较差，那么就会影响到生理功能的发挥，从而导致疾病的产生。有些心理问题也是由于身体状况不稳定而导致的，生理有缺陷、疾病的人通常会表现出一些不良的情绪，如焦虑、烦恼甚至是抑郁等。人的身心是统一的，身体健康与心理健康是互为影响的、紧密连接的，因此在体育锻炼过程中要注意身心的和谐与健康，从而促进社会适应性的增强。

四、运动处方制定的程序

制定运动处方时，要掌握四个步骤，即健康调查与评价、运动试验、体质测试及处方制定。各个步骤的具体内容一定要考虑清楚，要结合自身的实际进行。

（一）健康调查与评价

健康调查与评价的主要目的就是为了了解锻炼者的基本健康状况和运动情况。需要了解和掌握的基本情况如下所述：

1. 询问病史及健康状况

既往病史、现有疾病、家族史、身高、体重、目前的健康状况、疾病的诊断和治疗情况等。

2. 了解运动史

体育锻炼者的运动经历、运动爱好和特长、过往运动锻炼中是否发生过运动损伤等。

3. 了解运动目的

了解体育锻炼者的运动目的和动机，对通过运动来改善健康状况的期望等。

4. 了解社会环境条件

体育锻炼者的生活条件、学习及工作环境、可利用的运动设施和条件、有无健身和康复指导等。

（二）运动试验

运动试验往往需要密切联系检查目标和被检查者的实际情况。运动试验的应用范围具体如下：

① 为制定运动处方提供必要的依据，提高运动处方的安全有效性。

② 评定体育锻炼者体能素质。

③ 评定体育锻炼者心脏的功能状况。

④ 用于冠心病的早期诊断，及评定冠心病的严重程度及心瓣膜疾病的功能。

⑤ 运动试验可用于发现运动诱发的心律失常，其检出率比安静时的检查高16倍。

⑥ 运动试验可用来作为康复治疗效果的评定指标。

在时代持续发展的大背景下，运动试验的应用范围同样在不断拓展。在现阶段，逐级递增运动负荷的方法在运动试验中开始得到采用。测定时要借助跑台和功率自行车。递增负荷运动试验指的是，在试验的过程中，将负荷强度逐渐增加，同时对某些生理指标进行测定，直到受试者达到一定运动强度的一种运动耐量试验。

（三）体质测试

在保健康复运动处方中，体质测试是选择运动项目、安排运动强度、安排运动密度、制定运动处方的关键性依据。体质测试的常见内容如下：

1. 运动系统测试

运动系统的测试主要是肌肉力量的测试，主要包括手法肌力测试和围度测试两种。

（1）手法肌力测试

让受测试者在适当的位置，肌肉做最大的收缩，使关节远端做自下向上的运动，同时由测试者施加阻力或助力，以此来观察受试者对抗地心引力或阻力的情况。

（2）围度测试

围度测试方法是根据肌肉力量的大小与肌肉的生理横断面有关的生理常识来测试肌肉力量的方法。这种测试的指标主要有上臂围度、前臂围度、大腿围度、小腿围度、髌骨上 5 厘米的围度、髌骨上 10 厘米的围度等。

2. 心血管系统测试

心血管系统测试主要包括静态检查和动态检查两种。测试的指标主要有心率、血压、心电图等。通过心血管系统测试，可以有效测试出受试者的心脏功能，帮助其制定出科学的运动处方。

3. 呼吸系统测试

呼吸系统测试的内容有很多，主要包括肺活量测定、通气功能检查、呼出气体分析、屏气试验、日常生活能力评定等。

呼吸系统测试能很好地测试出人体的运动能力。对于一些有氧运动项目来说，呼吸系统的功能非常重要，因此进行呼吸系统测试是非常有必要的。

4. 有氧耐力测验

有氧耐力测验的内容主要包括走、跑、游泳三种方式。目前，常采用的测试方式有定运动时间的耐力跑和定运动距离的耐力跑。

科学完成以上四个步骤的测试，往往能够大体掌握受试者的健康情况、体力水平、运动能力等。只有密切联系锻炼者实际情况才能够制定出科学、有针对性的保健康复处方，最终对有序开展运动锻炼活动提供保障。

（四）制定处方

通常以上述测试结果为依据可以对体育锻炼者的身体健康状况进行了解，同时也可以对锻炼者的体力水平及运动能力的限度等进行掌握，然后以这些实际情况为依据对运动处方进行制定。

制定保健康复运动处方的注意事项具体如下：

1. 事先将身体检查和准备活动做好

在对运动处方进行制定之前，要检查锻炼者的身体，测定其体力情况，以此来对锻炼者的身体基本情况和其能够承受的运动负荷进行把握，这有利于使体育锻炼的安全性得到保证。准备活动也是必须做到位的，不要过于追求锻炼效果而忽视了准备活动的重要性。

2. 科学确定处方的运动负荷

科学确定处方的运动负荷的注意事项是：体育锻炼计划的制订要充分运用运动医学及运动生理学的相关知识；要综合判断体育锻炼者的体力能力、生活及工作状态等情况，以此来科学合理地确定运动负荷。

3. 督促锻炼者执行规定的要求

督促锻炼者执行规定的要求是：第一，要向锻炼者指明哪些运动项目有危险，或者不适合参加；第二，要使锻炼者明确自我观察与监督运动负荷的指标，并将指标发生变化时锻炼停止的事项告知锻炼者；第三，将有关生理卫生的常识传授给锻炼者。

4. 指导锻炼者定期复查身体和测定体力

通常情况下，锻炼者坚持一季度到半年的体育锻炼之后，就要对自己的身体状况进行复查，并对自己的体力进行测定，以此来对身体状况的变化进行了解与评价。同时也可以对体育锻炼的效果进行评价，将反馈信息提供给锻炼者，以便其对运动处方进行调整或重新制定。

5. 全面兼顾身体素质

对运动处方进行制定时，要特别注意锻炼者的体力状况，这要比考虑锻炼者的年龄和性别更重要。由此可知，制定保健康复运动处方不仅要以性别为依据，还要兼顾体育锻炼者的身体情况。

6. 充分考虑环境因素

运动产生的生理反应会受到环境的影响，寒冷或高温的环境、高原气候或空气污染严重的环境等都会对生理反应产生影响。运动处方要随着运动环境的改变而进行调整，以使锻炼者的生理能够适应不同的环境。在炎热的环境中锻炼时，应该对运动进行适当的限制，在运动过程中要注意补液的重要性。在寒冷的冬天锻炼时，要注意防止冻伤现象的发生，要多穿衣服，将头部和四肢保护好。患有疾病的人最好在温暖的天气中进行健身锻炼。

参考文献

[1] 马健勋 . 高校体育教学与科学训练 [M]. 北京：北京工业大学出版社，2023

[2] 罗伟 . 体育强国背景下高校特色体育课程体系研究 [M]. 北京：中国纺织出版社，2023.

[3] 张锐 . 普通高校体育选项课教材篮球 [M]. 北京：北京体育大学出版社，2023.

[4] 陈辉 . 高校体育教学探索与模式构建研究 [M]. 北京：北京工业大学出版社，2023.

[5] 田伟 . 高校体育科学化教学的创新与实践 [M]. 长春：吉林大学出版社，2023.

[6] 汪波 . 改革开放以来乡镇体育组织的变迁研究 [M]. 北京：中国书籍出版社，2023.

[7] 信伟 . 高校体育经济的发展研究 [M]. 北京：中国经济出版社，2022.

[8] 吕蕾 . 高校体育资源与体育产业融合的联动发展 [M]. 长春：吉林出版集团股份有限公司，2022.

[9] 张亚平，杨龙，杜利军 . 高校体育教学理念及模式创新研究 [M]. 北京：中国商业出版社，2022.

[10] 周丽云，刘朝猛，王献升 . 高校体育教育理论与项目实践教程 [M]. 北京：中国书籍出版社，2022.

[11] 陈兴雷，高凤霞 . 高校体育教育与管理理论探索 [M]. 天津：天津科学技术出版社，2022.

[12] 赵一刚 . 高校校园体育文化建设与探究 [M]. 北京：中国原子能出版社，2022.

[13] 王红 . 高校体育课程俱乐部模式创设与管理 [M]. 天津：天津科学技术出版社，2022.

[14] 樊文娴，马识淳，王冬枝 . 高校体育教学与大学生体育运动管理 [M]. 长春：吉林出版社，2022.

[15] 孙丽萍 . 新时代高校体育教学理论探索与实务研究 [M]. 长春：吉林大学出版社，2022.

[16] 李燕燕 . 现代化背景下高校智慧体育服务创新研究 [M]. 长春：吉林出版集团股份有限公司，2022.

[17] 李响 . 高校体育教学训练水平提升策略与实证 [M]. 北京：北京燕山出版社，2022.

[18] 魏小芳，丁鼎 . 高校体育教学管理改革与模式构建探索 [M]. 长春：吉林人民出版社，2022.

[19] 方武 . 课程思政与高校体育课堂教学的融合研究 [M]. 北京：中国纺织出版社，

2022.

[20] 胡海涛 . 体育舞蹈课程建设与综合技能培养研究 [M]. 北京：中国书籍出版社，2022.

[21] 王薇 . 高校排球运动教学与训练发展研究 [M]. 长春：吉林出版集团股份有限公司，2022.

[22] 李建春 . 基于素质教育视角的高校体育教学改革与发展探索 [M]. 北京：中国书籍出版社，2022.

[23] 冯琦 . 高校体育与健康教程 [M]. 西安：西北大学出版社，2022.

[24] 刘丹 . 高校体育教学创新实践 [M]. 长春：吉林出版集团股份有限公司，2022.

[25] 顾小叶 . 高校水上体育课程模块构建 [M]. 哈尔滨：哈尔滨工业大学出版社，2022.

[26] 刘卫国，郝传龙，陈星全 . 高校体育教学方法实践探索研究 [M]. 长春：吉林出版集团股份有限公司，2022.

[27] 肖福俊 . 高校体育教育与立德树人协同研究 [M]. 长春：吉林出版集团股份有限公司，2022.

[28] 黄中伟，袁超，何福洋 . 高校体育文化理论与实践研究 [M]. 长春：吉林出版集团股份有限公司，2022.

[29] 朱元明 . 高校体育教学模式与创新发展研究 [M]. 长春：吉林出版集团股份有限公司，2022.

[30] 刘海荣，冯强明，胡晶 . 新时代高校体育与健康教程 [M]. 天津：天津大学出版社，2022.

[31] 李磊，段宗宾，张春超 . 高校体育教学及其专业人才培养研究 [M]. 北京：中国农业出版社，2022.